不懂营销创什么业

创业营销的精益策略及心理学应用

马洪海/著

光明日报出版社

序　言

从没有想过会有一天，尚未创业成功的我竟然给其他创业者当导师；更没有想过，作为公益讲座的课程竟然可以走进深圳大学的课堂，成为全校公选的学分课程。高兴之余，又诚惶诚恐。高瞻智囊公司已经成立8年了，8年来我们服务过世界500强，服务过国内众多利基市场的前三甲客户，在营销管理与控制领域，我们已经成为实际上的领导者。我们有能力通过精益策略使组织的成熟度在营销领域做到4级，这已大大超出了很多管理顾问思考的范围。2015年起，我们服务过的企业级学员甚至包括数位拥有DBA学位的专家，我这个半路出家的顾问俨然成为领域专家。但每次有人这么称呼我，我依然觉得害臊。一个人获得赛跑的第一名，不见得这个人真的是飞毛腿，也有可能是竞争者不堪一击。虽然跑在前面让我的虚荣心有些许满足，但面对中国中小企业实际的营销管理水平，我感到深深不安。

迄今为止，我遇到的最有良知也最清醒的专家，是王嘉陵教授。这位毕业于哈佛大学，曾经在 IBM 担任过副总裁的学者在其著作《决策思维》中把能力定义为：技能 + 资源。这是对能力最科学、最接近真相的定义。

创业的条件远比就业复杂、残酷，但"双创"如火如荼，连大学生也被鼓励投身其中。大部分创业伙伴无论是技能还是资源都严重匮乏，把这些缺乏训练的士兵投放到战场一线，其结果可想而知。依照大数法则一定会有幸运儿剩下来，更多的人则会成为牺牲品。大海从来不在乎把哪条鱼拍上沙滩，但是小鱼和小鱼的父母一定在乎！

民众总是擅长行动而拙于思考。法国社会学者勒庞写于 130 年前的《乌合之众》里描述的社会群体状况，依然适用于当今中国现实。以互联网为代表的新科技加大了民众的盲目性。

讲常识竟然可以成为一门生意，是我们这个时代的悲哀！

这本书的所有内容都是常识，从 2015 年 11 月开始，我们和各大孵化器合作，对创业伙伴开展关于创业营销的常识性讲座，本书就是讲座内容的一个总结。半年的时间内，我们竟然成了深圳"第一名"，电视台也数次报道。这显然不是什么值得骄傲的事。从另一个侧面也说明我们创业伙伴的基础是多么的糟糕。因此当书尚未出版的时候，我真心希望书的内容越早被忘掉越好！倘或读者在本书中能够找到一些有价值的内容，则是对沙滩漫步的老男孩最大的奖赏！

马洪海

2017 年 4 月

CONTENTS 目录

第三章　新产品形成与推广的心理学 \ 91

第四章　初创型企业营销管理 \ 125

第一章

营销的本质

营销到底是什么

创业是一件非常无趣的事，不仅充满风险与挑战，也毫无章法。没有一个成功公司的路径可以复制，虽然书店里关于成功的书，多如牛毛。企业成功的原因多种多样，几乎没有一个是相同的。我们没有办法讲清楚到底是什么原因使得少数幸运儿成功，那些让人热血沸腾的故事通常都不靠谱，更不可信。

与其研究成功，毋宁研究失败，比较起来，失败的经验对创业者也许更有价值。虽然成功者不可复制，但失败公司的失败经验却大致雷同。现在"双创"活动如火如荼。国家以创业带动就业，有历史的原因，也有经济大环境的压力。对国家而言，反正都是GDP。况且通过大数法则总有一些幸运儿会被漏下来，就算1%的概率，从宏观上也是值得的。大部分创业伙伴要关心的是，如何保证自己是那1%而不是99%？这个课题到今天为止，我已经讲了60余场，几乎每一场讲完后都有一些创业的朋友找我私聊，"马老师，我为什么不早点遇到你，我的钱都耗光了。"

后悔带不来任何收益。心理学研究的结果显示，创业失败后能够重新站起来的人，是极少数。当我面向大学生群体讲这个课题的时候，一开始我就会告诉莘莘学子，今天讲的方法不一定能保证你成功，但会减少你失败的概率。我更关心的是经历过一次甚至数次失败后，还有多少年轻人能够勇敢地站起来，而不是自暴自弃。

讲到个人的历史，我也许算得上资深创业者。我做过小学老师；当过实习医生；后来到媒体做发行、广告以及专题部记者；再后来被哈尔滨的一位老朋友拖下海。从 2003 年到来深圳创办高瞻智囊之前，6 年的时间，我一直都在折腾。每次经历的公司都很短命，以至于朋友说我命不好。我先后担任过 6 家公司的空降兵，2 次算是成功，4 次失败。做得不好，被解职；带领团队不到 2 月业绩翻了 10 余倍，却因为所谓的功高盖主被开除。期间，曾经与台湾的老板一起，做了个类似于支付宝的结算系统，虽然我们幸运地和马云同步，但却没有马云的幸运，事业以失败告终并且赔得倾家荡产。直到 2009 年 6 月在深圳创办高瞻智囊公司，我才算定下来。至今，也没有成功，只是公司还活着而已。

8 年来，高瞻智囊一直专注于营销领域，从营销管控咨询到营销管控软件（高瞻智囊是深圳市双软认证企业），再到营销专业人才库。我们的客户从世界 500 强，到中国很多利基市场的前三甲企业。作为一家微型的公司，我们在专业方面有点优势了。我们也曾经和世界顶级的咨询公司交过手，并且取得了一些小成功。如果把我在上海与别人合作的时间也算上，在营销领域，我算是有将近9年的顾问经历。这期间，我拜访过数以千计的公司。粗略统计，除了一些500强或者大型国企外，有超过90%的企业老总是搞营销出身。至于从技术、HR、财务、行政或者其他岗位出身的老板，概率非常低，就算有，也一定后来从事过营销或者有营销高手一起参与创业。这是本人的经验，不属于非常严谨的数据，其实也没有必要特别地严谨，就算基于常识，大家也知道营销对于创业走向成功的意义。

可以肯定地说，没有营销的成功就一定不会有创业的成功。

目前中国大概有7000万营销人员，粗略统计，受过专业训练的营销人员不到1%（关于专业训练很容易引发争议，到底什么是专业训练？不同的人有不同的解释。听过课、参加过所谓培训的算是专业人员吗？尤其是喜欢"想成功先发疯"的成功学训练算是专业吗？）。而受过专业训练的营销管理人才更是凤毛麟角。曾经是最容易就业的市场营销专业，口碑变得非常糟糕。作为创客，我参与过大约20次路演，让人吃惊的是，作为评委的嘉宾和创业导师，对营销的理解也没有多少是对的。很多嘉宾的点评甚至连常识都没有。这样的人怎么能指导别人创业呢？最离谱的是在某个以国内最高学府命名的"孵化器"，副总竟然告诉我营销是一门艺术，不可能培养和复制。（真不知道，我们的艺术人才是如何培养的，还要这么多艺术院校干吗）

另一个挑战是关于营销工具，互联网的冲击让很多人丧失了基本的判断能力，"用户思维""互联网思维"成了非常时髦的概念，似乎不讲这些话就不懂营销。"风起来的时候，猪可以飞""羊毛出在猪身上"——这些极度投机、低智商的话从领导人到普通民众都在讲，然而有多少能经得起检验呢？

更有一些专家跳出来宣布"传统营销已死"。很多时髦的概念被创造出来：社群经济、分享经济、O2O、风口、粉丝经济、粉丝营销……中国人发明创造概念的速度算得上是世界第一，但我们连马桶盖都造不好。有几个人像格力董明珠一样认为到日本去买马桶盖是中国企业的耻辱呢？

江湖上流传着太多英雄的传说，很多人在灵魂的深处对成功者充满膜拜，很多创客伙伴脑子里充满了再造一个BAT的伟大构想。但绝大部分人都压根不清楚那些成功者到底是如何成功的。马云、马化腾、雷军、刘强东……这些名字是互联网时代的神。电影《华尔街小子》说：你不在局内，就已经出局了？遗憾的是大部分人压根分不清哪里是局内，哪里是局外。

互联网这个人类发明的工具已经成为人类的枷锁，

其传播信息的便利性，从本质上说更适合传播谣言而非传播真理。通常情况下，谣言带着令人炫目的美好外衣，而真理朴素的外表让人不敢直视。时代需要成功者，也会创造成功者，但成功者的成功理由却未必是他们自己宣传的那个样子。据说 XX 兄弟当年起家的时候曾经通过资源整合方式获得中国银行全国网点的门头改造工程，从而一举成名，赚到了第一桶金。这和比尔盖茨的第一版 Dos 软件（还是花 5 万美元从另一个哥们手里买的。不知道这段历史的可以看看《硅谷小子》这部电影，据说这是比尔盖茨、鲍尔默以及乔布斯最想毁掉的一部电影。）能够卖给 IBM 一样，都不是技术的成功，也不是运气的使然。翻开改革开放后 30 年的英雄谱，到底是什么促成了成功者的成功？估计是一部值得好好研究的历史。本人曾经做过省报记者，虽然不算什么了不起的事，但我知道许多远比我努力、勤奋的名牌高校新闻系学生想获得一个媒体实习的机会也不是件容易的事。像我这样一个中等师范学校毕业的学生，即使再努力与勤奋，也未必会得到命运女神的垂青。倘若做老师的告诉你，我能成为省报记者是因为我的努力，那就是故意欺骗大家。因为原因惊人的简单，我伯父是报社的副总，他老人家的一个电话就让我的命运发生了革命性的变化。

大部分人都不会愿意告诉你真相，人类是一种善于欺骗、伪装的动物。有时候故意掩饰某些秘密，有时候则混淆视听。之所以讲这个案例，一来我希望能让大家保持独立思考；二来反正伯父已退休，就算秋后算账都已经来不及了。

法国社会学家、经济学家皮凯蒂带领 30 多人的跨国研究小组，对人类社会从 1700 年到 2010 年的经济数据进行了深入研究，得出的结论是 R>G（R 是资本的增长率，G 是技术的增长率）。这部书的名字叫《21 世纪资本论》。这部让资本主义学者万马齐喑的著作更像在诠释马克思的经典论述："贫困并不是不努力的结果，而是阶级出身"以及"技术的进步始终敌不过资本的力量"。当然著作本身，晦涩难懂，需要很大的毅力才可以看完。我们在读书的时候，教科书上马克思对人的定义是"社会关系的总和"，这个定义至少在人类进入共产主义社会之前都不会过时。这个定义对于创业者有着极为特殊的含义。

作为创业者，原始的背景、条件、要求，一定比就业更为苛刻。在讲这个课题或者写本书的时候，我们只能假设所有的学员或者读者已经对自己的背景进行过理性分析，并且对创业路上可能遭遇的挑战做好了必胜的信心准备。因为这不是一本励志的书，而是一本关于如何在创业路上做好营销的、有点"专业"的书。

包括世界 500 强在内，鲜有几家公司对自己的营销是满意的。即使是行业第一名了，大部分还是不满意。而成千上万的创业伙伴，营销更是他们一道跨不过去的坎。

但想创业，不能不谈营销；谈营销，难免从吵架开始。

到底什么是营销呢？

是不是把产品卖出去就是营销？或者如很多创业小伙伴的宏大梦想，一开始就要创造出一个世界级的品牌？抑或是如互联网巨头一样拥有海量的用户就是营销？再或者是营销就是搞社群，就是成千上万的粉丝，就是要成为网红？一千个读者，就有一千个哈姆雷特，不同的人对于营销一定有不同的认知。

先来看看营销学家是怎么讲的。

营销学之父科特勒的经典定义："营销是价值创造与传递的过程"。美国市场营销学会（AMA）：一项有组织的活动，包括创造、沟通、交付顾客价值和管理顾客关系的一系列过程，从而使利益相关者和企业都从中受益。

当然，你翻开任何一本国内市场营销教程，关于营销的定义都差不多。这些定义已经清晰地说明了营销的本质。不管从事哪种行业的营销，一定是创造价值并把它传递出去，使买卖双方获益。这里面有一个非常清晰的前提，就是营销要先创造价值，然后再传递出去。

商业存在的前提是一定要有价值，不管是客户还是用户（后面有专门的章节探讨这个问题）。也就是说，不管你在哪个行业创业，你必须"创造"出某些价值。这个价值可能是满足某种生理需要（吃穿住用），也可能是某种心理体验，或者从事生产的技术以及机器设备，再或者是某种思维上的创意和故事。我们看一场轰轰烈烈的爱情电影和在工厂里使用好用的机器，都具有某些对人"有用"的东西，这个就是价值。价值的存在是营销的前提，你不能凭空去搞营销，也不能使用低价值或者无价值的东西去获得高额的回报，那是骗而不是营销。

生意或者商业存在的前提是有价值，这是常识并且是亘古不变的常识。正常的商业逻辑是，不能用劣质产品或者假冒伪劣产品去获取高价值或高额回报，也不能指望通过吹牛、欺骗、夸大宣传来销售产品。如果有人靠虚假信息，欺骗来获取利益，这和营销一点关系都没有，我们应该找警察叔叔帮忙。而不是在这里开展讨论。

遗憾的是，这个常识现在遇到了极大的挑战。并不是有人打算重新改写营销的定义，而是因为极度投机和非正常的商业氛围，几乎没有人愿意坐冷板凳，十年如一日的，在自己公司的产品和价值上多些努力，（因为这样太寂寞，不热闹，投资人也不喜欢）大家想的都是如何通过一些点子、策划、包装、宣传、沟通、广告等手段把目前的产品尽量多推销出去一些，覆盖面更广一些，速度更快一些，哪怕违背商业伦理、营销伦理乃至违法也在所不惜，很多人包括学界把这些活动称为营销。

没有价值创造的营销还是营销吗？仅有传递的（未必是价值）的营销还是营销吗？

互联网时代，常识并没有被颠覆，只是被人忘记了！

互联网条件下，营销变了吗

互联网时代各种理论层出不穷，尤其是所谓的"互联网思维"，已经影响了很多人。从创客伙伴到投资总监，从普通民众到领导人，这个词语像流行感冒一样，具有极大的传染性。那么在互联网条件下营销的本质真的发生变化了吗？互联网到底是工具还是本质？在谈这个问题之前我们首先来澄清一个常识：什么是客户需求？理解了什么是客户需求，就很容易对互联网条件下的营销做出判断。

需求在营销学上是一个非常严谨的概念，英文是Require 或者 Requirement（demand 也可以），指的是客户的需要（Needs）或者想法、欲望（Wants）加上购买力（Money）。需要指的是某种客观的，或者在一定条件下必需的某种使用欲或者占有欲，比如人饿了必须得吃饭，吃饭就是一种需要；想去某地，交通工具就是一种需要；一家公司为了要生产某种产品必须某种设备，这些都是需要。这种需要是客观的，某种程度上是刚性的。另外一些需要如逛街看到的芭比娃娃玩具。作为孩子可能会强烈希望拥有，而作为家长买给孩子的礼物，用另一个玩具熊替代也说得过去。所有这些刚性的，或者可以替换的需要都不是营销学上讲的客户需求（Require），为什么？因为满足欲望或者需要有多种途径。饿了不一定要自己花钱买东西吃，别人请吃饭也可以；自己在家里做饭吃也可以；实在混不下去了抢东西吃也可以满足。这些满足需要的方式都不是营销学上的需求，只有一种满足方式就是花钱买才是真正的客户需求。小孩子对于芭比娃娃再喜欢，也仅仅是喜欢而已，因为家长不给他买，也只有哭鼻子的份。家长给购买了，对于孩子来说，需要被满足了，但孩子的需要却不能列为客户需求。就商家来说，家长爱孩子的需要＋足够的购买力才是真正的商业需求。商业只有基于这种需求才能维系，其余的都是伪需求。

　　人类的需要或者欲望从本质上说是无穷无尽的，骑着驴骡思骏马、官居宰相望王侯，人性的贪婪永无止境，从根本上说各种"需要"不需要耗费脑细胞就可以发现，因为随处可见的。但是这些需要有多少可以转换为商业上的需求（Requirement 或者 Require）就是一个比较难的问题了。

　　假设一下乔布斯还活着，他老兄发现人类的沟通交

11

流手段太落后，工具不够先进，想发明一款手机，就如我们用的 Iphone 好了。这个过程中有一大堆条件在约束着营销上的需求产生。

第一，乔布斯必须知道他搞的这个东西一定是人人都有的需要，得有普遍性，不是只有少数专家或发烧友喜欢的玩意，否则商业上没有价值。

第二，乔布斯必须清楚这个需要一定能够通过工业手段实现，否则也是白搞。人类从古至今都想像鸟儿一样自由翱翔，或者像神仙一样腾云驾雾，但在飞机没有发明之前这些欲望或者需要都只能是空想，因为压根实现不了。就算发明了飞机，这个需要或者欲望也没有被完全实现。人们还是希望能够自己飞。所以像飞行包、个人飞行器等如果能实现民用一定会很火，因为这是人类持久的需要；

第三，乔布斯必须清楚，就算制造出来这个东西，能给大家提供满足的可能，人们或者少数人（也得足够多）必须愿意花钱买才行。这里面有一系列更具体的条件：哪些人会买？定价多少？怎么样让大部分人买得起，自己还能赚钱？如何形成持续的购买？另一个乔布斯或者路布斯有没有同类的想法或技术？怎么样拉开差距才不让别人抢自己的饭碗？如果买的人多到公司可以赚钱、可以持续，这里面的客户需求才被精准的定义下来，这才是真正的需求。上述的条件缺了一个或几个需求都不能成立，就变成了伪需求。

假设乔布斯费尽千辛万苦终于把 Iphone 制造出来了，也非常好用，但是造价极其昂贵，要卖100万美元一台。虽然这也是一种商业需求，但能满足的对象在地球上就少得可怜了，因为太奢侈，只有富豪才有能力享受。对一家商业公司而言，这样的客户需求价值不大，苹果如果这样做，就不是今天苹果的样子了。乔布斯可能变成第二个路易威登，而不是爱迪生以后最伟大的天才，因为客户基数太小了。

幸运的是就算100万美元一部，这还是真正的商业需求，如果乔布斯搞出来一部手机，售价1亿美元，就很难算是商业上的需求了，因为这大大超出了一般商业上能够承受的范围。购买力会限制需要的满足。而没有购买力支持，仅有需要就是伪需求。

再假设乔布斯老兄是一位地球上从来没有过的超级大富翁，不仅有生产研发的天才，还慷慨无比，他生产出来 iPhone 每个人免费送，像阳光雨露一般，那么这个需要的满足也不符合商业上的客户需求定义，因为不花钱就可以得到满足。

把这个逻辑搞清楚，在营销之中，会给你一双慧眼。

一个打着互联网创新的公司异想天开，做了一款APP，把小区的物业、周边的商家连同另外一个毫不相干的服务捆在一起，他们投入了几千万做市场推广，全国

400个城市遍地开花，幻想着客户疯狂下载，然后有商家来找他们做广告。两年的时间，在投入几千万后，公司终于烟消云散。其实这个创新，本来就不成立，因为根本无法满足前述的几个条件。

许多互联网公司热衷于用户思维，为了让人用他的APP，提高下载量，只要有人扫描或者下载就送一大堆东西。我知道的一家互联网金融公司，开发一个用户的成本高达100美元。而另一个大家熟悉的某宝的金融公司，只要下载它的APP，就送你大约200块的赠品。如果利用上面的需求定义加以分析，大家会看到这里面的几个条件还是不满足，因此这个需求其实也是伪需求。并不具有商业价值。下载这个APP的需要是不存在的，之所以愿意下载，是想要送的东西。大部分人拿到东西以后就会删除这款APP。这种商业逻辑不仅荒唐，还显得低智商，然而还是有很多投资者趋之若鹜。

为什么会出现这种情况呢？

一些知名公司的榜样显然起着重要的诱导作用。这里面有以优步（Uber）为代表的一大堆所谓的新商业模式。夹杂着资本的贪婪、民众的需要、广告商的需求，通过复杂的运作而构成的所谓共享经济模式，让很多人迷失了。

来看优步，这是一个估值超过天价，而盈利为0的公司。很多人把它当作时代的楷模，本人认为此类公司其实和骗子也差不了多少。让我们来分析他的商业逻辑。

优步其实并不是出租车公司，而是一个软件平台，为乘车人提供信息，实现点对点的速配，从而降低等待时间。在这点上，此类软件是有很大价值的。这也是互联网或者移动互联网带给人类的福祉。

乘客方面，希望速度更快、更加精准和得到更优质的服务这个需要是客观存在的，这点毋庸置疑。但是作为一款打车软件，乘客愿意为它提供的信息服务付费吗？也许有，但一定是少数人，因为人们已经习惯了软件的免费。对大部分人来说，再有倒贴，就更棒了。换句话说对绝大部分乘客而言，为软件付费这个商业的需求是不存在的。如果优步仅仅从愿意付费的乘客那里收点服务费，那就不是优步了。优步宁愿花费巨资，通过补贴。让更多的实际上绝不愿意为软件付费的人下载使用他的APP。这样就拥有了庞大的用户数量。为什么要这些不愿意付钱并且要补贴的乘客存在呢？原因很简单，因为还有另外一群人其他的需求存在。比如与汽车结合比较紧密的一些商家希望找到好的渠道（人多，与产业相关等）来投放广告，因为通过补贴获得了海量的用户，优步可以通过软件传递信息从商家那里得到广告费。这样就完成了商业上的循环，皆大欢喜。但这个游戏能否继续下去有很多条件。

首先，必须要有足够多的商家。众多的商家愿意花钱在优步上做广告，才能让优步作为企业持续下去，才有可能支持大量乘客需要的免费或补贴满足形式。毕竟，补贴要钱，支持系统运营也要钱，没有钱进来，商家早晚会关门。

其次，作为一种商业行为，平台本身可以作为商品出售给特定的人群。因为有海量的用户数据，至少看起来比较热闹，那么这个平台，就可以包装得像个巨人。这里面有太多的故事可以讲，而资本家也最喜欢这种泡沫。像击鼓传花一样，只要有足够的体量，估值这东西全靠吹。想赚更多钱的需要是所有的投资人／投机者都具备的，并且这个需要极为强烈，只要能够把优步卖出一个更高的价码，就可以赚更多的钱。每一次把估值增高一些，就意味着赚了更多钱。优步的商业计划可以满足很多投资人、投资机构对未来能够赚大钱的欲望（即使是假的、不存在的，但是当事人、投资者认为是可以的幻想）。投资人或机构是优步的另一种顾客。投资者愿意花钱，从优步或者其他类似的玩家手里买他们的股份（一种预期：关于赚大钱的预期）。这种商业需求也是成立的，但是一种极其不稳定、易变的需求。因为一旦投资人（买家）发现优步为他们设计的预期不能被满足，投资人的购买需求瞬间就会消失，原来已参与的投资者也会抛售。

正如所料，优步必须不停地融资。每次融资，对于优步来说，就是一次销售过程。顾客是投资人，或者投资机构，满足的是能赚大钱的预期。投入这个游戏的人越多，优步的估值就会被拉得越高。而优步拿到钱以后，就会花掉其中一部分来补贴乘客，这样人数就更多，这个项目就越显得热闹。估值也就越高。后进的投资人或者投资机构，成为先进的投资人或者投资机构的顾客。聪明的投资人会在新投资人进来之前，不仅拿回本钱，并且大赚一笔。

这个混杂着乘客（不花钱满足需要的人群）、提供出租车运载工具的公司、愿意花钱满足投放广告的需求的商家，愿意花钱买预期的投资机构构成了一个极为复杂的商业系统。本来只是乘客与出租车之间简单买卖的商业关系，在互联网条件下，被锻造成了一个怪物。乘客乘车，出租车公司提供运载工具，这是传统商业范畴，但乘客与出租车之间，经常发生信息不对称，于是，软件公司补充了这个信息缺漏。正常情况下，由于节省了时间，无论是出租车一方，还是乘客一方，理应为节约的时间，节约的成本为软件公司付费，这样的商业逻辑是天然的、健康的。正常情况下，好的信息提供者，一定会慢慢地获得市场份额。

资本的加入，使得一切变得光怪陆离。由于希望有更多的人使用软件，优步做出了不仅免费下载软件，免费使用软件，并且还给使用者补贴的方式来推广自己。

这样一来，系统的风险瞬间就被放大了。当资本方加入这个系统后，原有的三方关系，变成了四方，连优步也变成了商品。但一家软件公司作为商品，要满足的商业需求，却是一个极易变化的东西（估值）。为了要拉高估值，就必须不停地补贴使用人，这样人才愿意使用以及量才能大。而补贴使用者，就会造成资本匮乏。作为公司就必须再次把预期多卖几次。随着估值的增高，越来越多的玩家进入系统，投入的资金也就越多。但是作为一个商业行为，优步本身却没有一个能够实现资金流入的途径（本来有一个，就是出租车方和乘客方为节约的时间、节约的成本付费，但软件平台自己放弃了）

这种系统的风险大家已经看清楚了，就是四方角逐的游戏，其基础其实是建立在一个伪需求上，也就是全部都建立在需要（或者欲望）上，这根本不能构成商业的基础。乘客群体不但不会为优步提供的信息买单，甚至还希望从优步手里拿补贴。为了保持平衡，就要不断的融资，而融资越多，赚钱却越难。（没有人愿意为需要买单，除了继续融资的预期之外。但这个越大，预期就越不稳定，当一个系统毫无赚钱的希望时，预期瞬间会降为零）因为没有人愿意买单，除非击鼓传花的游戏，继续忽悠少数有钱的傻瓜。只要有一个环节出问题，这个海市蜃楼就立马消失。

优步作为软件公司，本身并不产生交通或者载具的价值，他的所有价值仅仅是有效信息的提供。这个信息可以为乘客带来便利，这是他真正的价值，而这个价值，优步从来没有打算用它来赚钱，不是不想，而是很困难，因为竞争对手都在补贴，如果，他收费，相当于自寻死路。

为了吸引人使用他的软件或者信息，优步就必须对使用者继续补贴。除非市面上有且仅有一家信息提供者时，他才有可能通过垄断，以信息提供者的价值获取利润。但这个太难了。因为，软件技术的成熟，开发一个信息平台并不是很难的事情。也就是说，为客户提供精准信息这个事，在互联网时代，价值并不高。

优步被卖掉以后，他的竞争对手，现在是一家人的滴滴，继承了以上的一切。以上的招数，滴滴同样在用，不同的是，一家独大的滴滴正迅速走向垄断与霸道。巨大的补贴窟窿，作为投资人当然想着赚回来，既然没有其他来钱的路，能使用的招数，就这么几个，因此，滴滴一定会提价，一定会通过垄断，来完成对乘客与出租车公司欠下的债的掠夺。商业逼着他走向那点价值不高的信息提供者的角色定位。

这个庞大的商业系统，一开始就是建立在不存在的伪需求之上的。无论是滴滴还是优步，提价和降低补贴都会导致使用者（乘客群体、出租车）减少。使用者减少又会导致广告投放企业的减少，更会导致投资人的预期降低，这就形成了一个恶性循环，并且是不可逆循环。

随着市场的发展，当乘客和出租车发现这个信息提供者已经变成垄断者的时候，消费者一定会用脚投票。虽然一定会有少数的人因为习惯愿意为信息提供者付费，但巨大的历史欠账以及迅速萎缩的体量，最先逃走的一定是投资人，估值会被迅速降低，即使不死，这家公司也注定流于没落。让我们拭目以待。

到底什么样的商业才是稳健的呢？就是建立在真实需求之上的商业，有客户客观的需要存在，同时又有客户愿意为此需要买单，这样的商业永远不会出问题。

类似优步这种建立在需要上的商业行为还有很多，大部分互联网公司都是这种模式。所谓的互联网思维创造了诸多的伪需求，这些基于伪需求的商业可以等同于庞氏骗局。这种基于伪需求而来的商业本质上都是欺骗，把用户作为棋子，然后找到愿意付广告费的企业买单或者找到愿意为预期付费的投资者，这就是目前绝大部分互联网公司的全部商业逻辑。一旦某个环节掉链子，商业的本质要求就会把它打回原形。

互联网是一个非常高效的营销沟通工具，当然也是高效传递信息的工具。这种革命性的工具已经深深地影响了人类的社会发展。就像每一次战争武器的更新都会对战争的形态、策略、手段、布局等发生重大改变一样，互联网也会让营销更加便利与充满挑战，但不管武器系统如何发展，战争的基本性质、目的、基本原则其实一点也没有变化。战争还是有正义与非正义，战争还是强胜弱，战争还是为了利益而不是漫无目的。我们探讨营销的本质，就像探讨战争，如果局限于武器系统就会犯武器决定论的错误。同样的，营销的本质在互联网时代其实并没有发生什么质的变化，还是那个价值创造与传递的过程。只不过速度更快、传递更方便，同时竞争也更残酷。我们关注工具的变化，也要研究工具的变化，但不能把手段误解为目标，更不能以手段代替本质。遗憾的是，这是包括专家在内都容易犯的低级错误，如国内某知名专家出版的《营销的本质》一书的论述，把社群当作营销的本质，我们对此提出批判。

营销的基本功能

  创业者需要营销，任何企业都需要营销，只有营销部门才是公司价值变现的部门。业界和学界之所以对"营销"争吵不休，就是因为"营销"这个词语的内涵与外延在不同的使用环境中意思是不同的。上述的章节我们谈论营销是从根本意义上，或者从哲学意义上谈论的营销。等到具体到某个企业的范围时，营销通常就不再包括创造价值的部分（这部分已经由生产、研发或者技术部门完成了），而是从生产、研发、技术部门等获得一个既定的产品，然后想办法怎么样把它卖出去，这个时候营销的内涵就仅是传递。让很多从事营销的朋友最郁闷的是他们对创造价值的部分无法产生任何影响，只能被动地接受来自于其他部门的既定设计。因此，几乎所有公司的营销部与生产部、技术部都在吵架。生产部、技术部抱怨营销人员素养低，好好的产品卖不出去；而营销部的人则抱怨技术部或者生产的产品太差，在市面上毫无竞争力。

这种现象如此普遍，以至于大家都熟视无睹。多年的职业顾问生涯，都鲜见有企业的营销部与技术部、生产部在一起研究客户的。大家都各自为政，虽然他们的利益本来就是一体的。深圳有一家从事化工的客户，在项目开始时，我们曾调研所有价值链上的相关部门，结果让人啼笑皆非。

首先接受调研的营销部，四个事业部的老总异口同声地告诉我："马老师，你不应该关注我们部门，我们这些人都是老江湖，我们的营销一点问题也没有，我们公司最大的问题是生产"。他们不仅拿出一大堆数据证明自己很厉害，并且举例说明了一大堆生产部犯下的致命错误，包括发往国外的油漆，桶盖竟然搞错了尺寸，不仅进了空气，让产品完全失效，还差点泄露，把那艘货轮给点着。

而与生产厂长的谈话，基本上全程充满了不屑与愤怒："说老子有问题？我在这个领域干了三十年，超过 10 万平方米的厂房，全套自动化生产设备 ---- 我有问题！我告诉你，我们最大的问题是 tmd 的采购。我们要的原材料经常找不到，让我怎么生产，要不然就是质量不过关，你去找采购去"。

采购部门三个人都是"皇亲国戚"。据说，他们是老板娘的本家。至少采购经理对我们还算客气："马老师，我支持你们的工作，但说我们有问题，真的冤枉。实际上，您也知道，我们这个部门是最好干的，理应别人求我们才是。但我们公司不一样，生产部经常没有计划要材料，而买材料呢，财务部又不给钱，老让我们赊账，这行业受国际大宗交易影响，价格变化也快，人家都不愿意跟我们玩！您别问了，您去找财务吧。"

和财务的谈话最简单："销售做这么烂，我哪有钱"。

这样的案例每天都在上演。

德鲁克先生一直强调：企业的使命是创造顾客。但到底该如何创造顾客，创造价值？包括德鲁克本人，其实也没有开处方(学术上称为 druck gap 德鲁克缺口——参见《德鲁克管理实践的 12 堂课》，罗伯特·W·斯威博士著)，公司被人为地划出各个条块。很少有人能跳出部门利益，站在系统角度看到企业面临的挑战。创造顾客，创造价值是整个公司系统的要求，并不仅仅是研发部、生产部的事情，营销部不仅要全程参与整个创造的过程，并且要对本公司的价值有着更加清晰的识别能力。

通常情况下，营销部有三个必须实现的功能要求：

1. 价值识别

2. 价值塑造

3. 价值传递

价值识别功能，意味着必须从顾客的角度理解有哪些东西是有价值的。这个价值包括使用价值、符号价值、社会价值、商业价值等，同时也包括如何与竞争对手拉开差距、如何获得更大的市场份额、如何发掘目标客户更深层次的需求等功能要求，这个过程是企业创造顾客的前提。通常情况下，这部分内容外包给了产品经理，但这确实是营销部门应该干的事。我们还极少见到公司的产品经理隶属于营销部管理的，从这点上看几乎所有企业的营销部门功能设置都不够全面。营销部门也许不懂得技术实现，但技术与生产实现却必须服从于客户的价值需要。这个"大营销部"功能定义意味着必须打破组织壁垒，站在价值链的角度，全面审视企业能够给客户带来的价值。遗憾的是，企业中的人一般都仅仅站在自己的部门利益上看到问题，这样只会陷入无休止的内斗。谁都没有错，但大家都错了。

价值的塑造和价值的识别往往同步进行。就算两家工艺标准完全一样的公司，因生产、技术团队以及公司文化的差异，也会使制品显示众多的细微差异，这些差异才是造成公司良莠不齐的根本原因。大部分人只关注技术，而忽略了价值的塑造完全是基于人而来。以汽车市场为例，国内许多汽车生产厂家即使从欧美或者日本引进了全套生产设备，生产流程也完全按照欧美或者日本的标准来进行，但同一个品牌型号的车。几乎凭肉眼都能看出国内国外质量的差异。个中原因值得思索。有一个专家曾经撰文：《道德已经成为制造水平的瓶颈》，这是很有道理的。中国式的思维一定生产出中国式的汽车。看起来很玄乎，却是事实。

忽略了营销部本应有的两大重要功能，大部分营销人员只能从另外的部门（设计、研发、生产等）获得既定的价值，不管这个价值是否符合客户的要求，营销人员都必须负责把它卖出去，至于手段，那就是营销部门自己的事了。

丧失了灵魂的"营销"，一定会产生各种错误。各种专家面对着"营销的尸体"，注定不会做出什么有价值的研究，各种违背常识的理论应运而生。"武器决定论"是最大的声音，大咖和牛人们把它命名为"互联网思维"。

企业能够创造出高价值的产品，营销的传递就会变得极其简单。而品质不好的产品，再好的营销手段，也很难有市场，除非是故意欺骗。这仅仅是常识。一家做餐饮的公司，如果提供的餐饮连猪都不吃，很难相信能获得巨大的市场份额。提供旅游的公司，满脑子如何宰客，也很难想象可以持久，这些商业常识，任何时候都不会过时。中国有接近 14 亿人口，目前为止能够拿得出手的品牌屈指可数。许多人漂洋过海去日本买马桶盖，这无疑是对互联网思维的一记耳光，但耳光未必能打醒醉睡的人，更不能打醒故意装睡的人。

理解市场

以下的章节中，除非需要，不再注明营销的范畴到底是大营销还是基于某个部门的营销，读者可以根据上下文判断其内涵与外延。

谈营销，就不能不谈到市场。市场，英文 Market 指的是交易的场所。根据交易场所的不同，可以把市场分为很多种类型。如农贸市场、服装市场、机械市场、电子市场等。这些市场通常得有一个物理空间及相应的服务设施、管理手段等，不同的人（一般是买家、卖家）在这个物理性的空间中进行交易。后来依据行业、专业的分类，分化出更多专业市场。再后来交易场所从物理性空间搬到了虚拟空间，如网络，这就是产生了网络市场，也有人称为电商。不管哪种市场一定存在两种交织变化与相互依存的角色，一个是卖家，另一个是买家。卖家提供产品或者服务，买家付出成本（通常是货币）从卖家手中获得产品或者服务。一般情况下都是卖家少买家多，市场才能繁荣。如果是卖家多买家少，市场就会加剧竞争及走向衰落。

创业者必须深刻理解两个基本的有关市场的概念：细分市场与利基市场。

细分市场：（Market Segmentation）是美国市场学家温德尔·史密斯（Wendell R.Smith）于 20 世纪 50 年代提出来的。有时候，也作为动词使用，称为市场细分，（Market Segmentation）是指营销人员通过市场调研，依据消费者的需要和欲望、购买行为和购买习惯等方面的差异，把某一产品的市场整体划分为若干顾客的市场分类过程。每一个顾客群就是一个细分市场，每一个细分市场都是具有类似需求倾向的顾客构成的群体。

细分市场意味着一个企业仅能满足部分顾客的部分需求，而不是全部需求。做餐饮的就不能满足顾客服装的需求，那是另一个领域的人做的事。但就算是某个已经细分的领域，如服装行业，仍可以继续细分下去，分成童装、男装、女装、表演性服装等。这些已经细分的领域还可以和地域、文化、年龄、收入水平、价格、物理材料等相关属性相交叉变成更加细分的市场。创业团队和投资人都更容易发现和人们生活相关的细分市场，而对有专业技术壁垒的细分市场（如医学、大分子数据计算、精密光学仪器等）通常关注度不高。

创业团队或者中小企业一般只能在某个或少数几个

细分市场生存，这是企业的资源决定的。就算是一些巨头，严格意义上也仅能满足部分顾客的部分需求，其从事的也属于细分领域的商业，也可以称为细分市场。作为创业公司，一定不要追求大而全，这是很致命的战略失误。人类社会还没有产生什么需求都可以满足的公司。大部分公司的多元化以失败告终。这点尤其要注意。

利基市场属于特殊的细分市场。特殊在哪里呢？一般情况下企业在充分竞争的细分市场是不容易生存的，尤其是对于后进入者，因为行业巨头已基本把市场份额瓜分完毕。如手机市场，苹果 IOS 系统自成一体，别人压根进不去，这个领域没有什么战役。但是安卓系统就不一样，大部分厂商都采用联发科和高通的核心技术，所以不管是哪种类型的手机都打得头破血流，甚至连老人机这样的鸡肋市场都巨头林立。很显然这样的市场对于后来者来说几乎没有任何机会。利基市场与此不同，利基市场属于细分市场，但是这个市场内通常没有什么大鳄或者巨头，也就是说竞争很小或者几乎没有竞争。这样的市场对创业团队和中小企业来说意味着巨大的机会。

寻找利基市场不是一件容易的事情。很多领域之所以未被发现或者竞争者少，主要是有技术壁垒，如某些高科技领域。另一个原因是虽然有些市场没有高门槛，但是由于市场存在天花板，总量太小。大公司由于投资回报率的原因，一般也不会进入。如某电子产品的焊接剂市场，中国大陆一年的用量不到 10 亿人民币，这个天花板限制了很多大型化工公司的进入，因此也是一个利基市场。

利基市场，永远都只是相对的利基，随着竞争的加剧，很多本来不屑于竞争的利基有时也会被大鳄盯上，比如，前面讲的老人机。这时候的市场通常整体上都已经进入红海。

寻找利基市场通常采用专家法，基于市场调研的数据使用时要慎重。数据不会说话，但为了要说话，肯定会采用数据。样本的选择，评估体系，数据采集，各个环节都容易使数据失去意义。创业者一定要亲自到现场，而不是看数据来决定方向。必要的时候，请资深专家介入。

除以上的分类方法外，还有一种极为重要的市场分类方法，对创业者有着非常重要的指导意义，就是从客户的角度来进行市场分类。不管什么市场，一定存在客户。从性质上来说，客户有且仅有两类，一是以个人或者家庭为主导的顾客群体（Customer），我们把这种市场类型称为 2C 市场；另一类是针对商业组织、大学、政府、机关、军队、NGO 等以组织为目标群体的顾客，这类客户面对的不是个人而是组织（Organization 或者 Business）简称 2B 市场。2B 市场与 2C 市场有显著的区别，顾客的属性、专业技术壁垒、采购流程、营销的复杂程度等都完全不同，在学术上又称为组织间营销。目前营销学术研究的对象大部分都落在 2C 端，对于 2B 端的研究相对不足。同时 2B 与 2C 市场的分布也极不均衡，全世界 80%～90% 的商业市场都属于 2B 市场，仅有 10%～20% 的商业市场属于 2C 市场。2C 市场养活了 80%～90% 的人口，而 2B 市场仅仅养活 10%～20% 的人口。这种严重的不均衡不仅导致学术研究有偏向，也导致营销人员经常错用营销理论，包括营销之父科特勒先生的专著对 2B 市场的研究都明显不足，甚至存在明显的疏漏与误解。

2C 市场因为和日常生活的距离很近，很容易引发共鸣。像吃穿住用、休闲娱乐等领域，基本上都是充分竞争市场。在此条件下，品牌、定位、切割等理论会被广泛地使用。由于 2C 市场关系到千家万户，因此很热闹，各种理论层出不穷，各种花招也让人应接不暇。双十一，本来是光棍的调侃，硬生生地被马云搞成全民狂欢的购物节。很多创业团队也是从 2C 市场开始创业的，这应该是中国创客的一个显著特征。

2B 市场一般都具有周期长、专业性强、技术壁垒、大资金、采购流程复杂、营销技术要求高等特征，目前这个领域的学术研究也相对不足。很多从事 2C 市场的营销人员几乎没有办法进入 2B 领域，而 2B 领域的营销人员虽然可以轻松地进入 2C 领域，但往往缺乏 2C 市场营销人员的耐心、顾客辅导、竞争意识与微利价值观等。

　　这几年，很多互联网大咖提出了诸多新概念：如 B2B2C、C2C、C2B，还有 C2M 、C2F 等，这些概念大都经不起推敲。比如 C2C，按照中国的法律个人（自然人）是不能承担企业责任的。当一个自然人从事商业行为的时候，抛开非法经营的法律不谈，这个人实际上就是商家、是商业机构，不过是个体户的行为而已；而 C2F、C2M 则是精益价值链的术语，意为拉动机制，被一些营销学者混为一谈了。

区分客户和用户

　　理解了市场、客户需求以后，还有一个已经引发混乱的概念，有必要加以澄清：用户思维。关于这个概念的文章在网上多如牛毛，很多培训公司，互联网大咖，推波助澜，一度把它上升到信仰的高度。这实在有些荒唐。

　　用户是什么？

　　英文单词为 User，意思是使用者，也就是产品到底是给谁用的？显然所谓用户就是产品的服务对象。比如我们都是手机的使用者，也就是手机公司的用户。从使用者的角度一定会关心很多要素，外观好看不好看？信号好不好？屏幕大小？体验如何？等等。并不是只有互联网企业才关心用户休验，只要存在着使用者的地方，无论产品是洗脚按摩还是机器设备，在这点上具有相同的意义。没有一个商家不关心他们的使用体验。作为微信的用户，我们不仅关心这款社交软件的每次升级换代，还会为抢红包忘了与亲人面对面沟通。每次饕餮后，刚一抹嘴，就一定会对饭店的餐饮评头论足。母婴用品，妈妈比谁都关心小宝宝的干爽、舒适、安全、卫生等。只要是遵纪守法的企业，没有任何公司敢不关注用户体验，这是天经地义的逻辑。大咖们炒作这个概念，甚至把这个几乎不需要讲的逻辑吹嘘成一种信仰。不仅白痴，也有点莫名其妙。

用户是使用产品的人，但未必是为产品付费的人，仅有用户，不能构成商业的基础，这就产生了第二个"户"，即客户。

客户的英文是 Customer ，指愿意为产品和服务付钱的人。

无论 2C 还是 2B 市场，用户（User）和客户（Customer）经常不一致。使用产品的人未必是给产品付费的人。我们中大部分人都是腾讯公司的软件 QQ 或者微信的用户，这些软件使用起来非常方便，但一般情况下我们都不会给马化腾同学付钱。马董事长也不会向我们要钱，虽然他很想要。作为商业机构，腾讯一定是赚钱的，但到底谁愿意给腾讯钱呢？谁给钱，谁就是腾讯的客户。

因为腾讯的产品用户（User）非常多，通常情况下广告商比较乐意，因为可以借助这个平台做广告。那么，广告商就是腾讯的客户。前一阵子很多人在朋友圈里晒广告，还觉得挺自豪，因为接到了宝马的广告。他们都是腾讯经过数据分析精准定位过的准土豪。

区分用户与客户是创业者的基本功，这直接关系到钱的来源问题。所有能够给企业带来钱的都是客户。用户不仅带不来钱，反而需要投入很大的成本去维护。腾讯公司最艰难的时候马化腾一度要把它卖掉，就是因为急剧增加的 QQ 用户量，导致服务器扩容压力大增，而当时的腾讯公司连买服务器的钱都没有。

在资本市场上，企业本身也变成了某种商品，可以为投资人或者投资机构提供某种价值，投资人把企业作为一种可以变现的商品，通过估值的方式，把对未来的预期作为产品，通过不停地买进卖出，获得增值与溢价。

互联网大咖们提倡的用户思维是基于以下的假设。

1. 有用户就好讲故事。资本本性是逐利的，并且越快越好。投资领域的思维模式不是看企业现在赚了多少钱，而是看可能赚多少钱。因为他们本来卖的就是预期（预期就是一种假设，一种想象，一个人为的故事）。所有商业形态中最容易编故事，也最容易让人看起来可能赚钱的一定是互联网产业。因为至少假设上，它没有边界、没有时间限制，可以引发无穷联想。正好与投机者心态高度吻合。

全世界"最值钱"的前 50 名独角兽互联网公司市值高达 4 万亿美元，这是一个惊人的数字，但这些公司的利润总和却是零。有人评价说：在大卫-李嘉图时代，资本面对着"10%"的利润蠢蠢欲动；100%的利润，资本家冒着枭首的风险；300%的利润，资本家敢于践踏人间任何法律。而在人类进入21世纪后资本连剥夺剩余价值的耐心都没有了，变成了直接从社会抢夺价值。微信（WeChat）估值采用的方式是用户数（7亿）x40$=280亿美金，这就是资本的逻辑，滴滴、优步、Facebook都是这种逻辑。

2. 拿到钱，不管钱怎么来的，都是成功

对于商业而言，互联网公司的普遍短命（一般不会超过3年），促使很多人不再以创造价值为企业导向，而是以拿到（也可能是骗到）资金为导向。从公司一开始，他们的目标就不再是给客户与社会提供价值，而更多的关注如何讲故事，如何把预期变成一轮一轮的融资。这当然包括那些所谓的独角兽。社会上充满了投机、短视、急功近利且又贪得无厌的乖戾之气。真正有价值的公司反而不被投资人看好。这些恶劣的案例，不仅使得年轻人更加浮躁，也使得商业氛围变得怪异与扭曲。

商业规律，早晚会让这些泡沫破裂，不管所谓的独角兽如何的折腾，也不管投机者如何炒作，他们都不可能超越基本的商业逻辑。

各种商业机构的客户差异非常大。

最佳的状况是用户愿意为产品和服务付费而成为客户，也就是用户和客户是同一体。这样的商业永远都不会出问题。用户和客户分离的商业未必就不是真商业，但用户和客户距离越远，作为商业的风险则越大，如果客户和用户一点关系都没有，这基本上可以列为骗局。

迄今为止，腾讯公司最大的一块收益还是游戏。海量的游戏用户只要有很少比例的愿意付费，就可以转换为客户。淘宝和天猫商城的用户是成千上万的网络购物者，他们的客户是海量的网上商家，马云则是收过路费的。

2B 领域中，产品使用者和付款人通常都不是同一个人，但使用者和付款人都是组织的成员，他们一般具有极为紧密的关系。投资机构把创业公司当作一个商品，他们的客户是一个接盘侠（Next Foolish）或者上市后成千上万的股民。

用户和客户的关系越密切，转换起来就越容易，这样的商业风险就越小；用户和客户之间的距离越远、关系越松散，商业风险就越大。诸多互联网公司以获取海量的用户为目标，以期带来广告收益或者把公司作为产品出卖预期而融资，这样的商业逻辑本身就蕴藏着很大的风险。

"双创"大潮下应运而生的众多"孵化器"，大部分就是个二房东，租他们房子的中小微企业，既是他们的客户，也是他们的用户，但这仅仅是很小的一部分收入。更多的"孵化器"通过申请政府补贴的方式来获得资金。

这属于寄生经济的内容，超出了本书讨论的范围。

投资界关注用户数，是基于投资界自己编写的预期剧本。（这个预期剧本随时可以被更改。昨天还是用户数，今天投资人已经要求看利润率）对创业伙伴来说未必是利好消息。仅仅关注用户是不能形成商业闭环的，这里面的逻辑假设不能成立，仅是一种基于投机的假象。如果说一个企业死了是管理不善，100 家企业死了是环境不佳，但如果拿到融资的企业都死了，一定是投资理念出了问题。

钱从哪里来

钱从哪里来，可以看出一个公司的品质。

创业离不开钱，而钱有各种来源。来源于天使投资的 4F（Founder、Friend、Family、Foolish），来自于政府的扶持（专项补贴）。当然也可以来源于自己的积累。所有来源中仅有一种来源是合乎商业逻辑的，就是钱从客户端来。

有些公司的融资能力算得上超级强，我听过最离谱的融资案例是融资了 8000 万美金，但公司开发的 APP 产品仅有 2 名用户，还是内部人注册的。一家生物制药公司，15 年来，累计获得投资人以及政府的辅助资金高达 1.5 亿人民币，而营业额至今才 1200 万。这些擅长讲故事的高手，某些时候，和骗子几乎没有办法区别。最早叫嚣着互联网思维的家伙，给投资人的所有故事都娓娓动听。

很多创业伙伴幸运地拿到了投资，但这并不能保证公司会活下来，更不要提活得很好。错误的投资理念指导下，很多公司折腾一年半载就关门大吉。市面上很多专门帮助申请政府资助的公司，这种寄生经济很难和腐败划清界限。尤为恶劣的是我们的评价体系出了问题，很多创业伙伴把拿到融资视为成功，而忘记了这仅仅是挑战的开始。

创业当然要有能力赚钱而不是有能力花钱，这是几千年的商业常识。并且是投入越少赚得越多越好，现在包括投资人在内的很多人却比着如何烧钱，这真让人瞠目结舌！

我不相信真有人这么傻这么天真，除非钱不是他的或者烧钱本身可以带来自己想要的东西。对自媒体的宣传应该保持理性。夸大宣传、数据造假早已是行业的潜规则。很多公司像暴发户一样大手大脚，铺张浪费。很难相信，他们会老老实实地把产品做好。一家利基市场非常优良的公司通过多年的奋斗努力达到 1 亿元人民币的营业额已经颇为不易。在投资界，动辄上亿元的投资似乎是家常便饭。很多年轻人，超越社会底线，炒作自己、玩弄大众。无论是剪电线，还是鼓励员工打架，抑或不惜违法清退员工，以余则文为代表的 90 后被推到前台，成为投资方玩弄的皮猴。这些鸡汤对创业伙伴而言基本是毒药。

即使在营收不利的情况下，上市公司也可能通过信息发布、意向性合作、财务处理、甚至概念炒作等从股市中获得溢价。如果监管不充分或者公司价值观出现问题，甚至出现财务造假丑闻。复合型业务的大公司在主业上也许不赚钱，甚至赔钱，但可以通过地租、银行的反复借贷等获得资金。许多公司完全抛弃了主业而去从事炒地皮或者房地产开发，这是目前中国经济的巨大隐患和挑战。

钱从哪里来，怎么来？既是公司的命脉，也是公司的品格。投资的逻辑很简单，能够讲得清钱从哪里来，如何来的公司基本都有投资价值。这并不需要高深的学问。

创业公司一般都比较弱小，不像上市公司或大公司的钱的来源可以多元化。营收和投资是创业公司资金的主要来源。投资是偶然的，一次性的。而营收则是刚性的。对外部输血的依赖是创业者创业路上的坑。在投资人面前也容易低三下四、丧失品格。

怎么样在市场当中活下来

德鲁克先生讲企业的使命是创造客户。通俗点说就是两个问题：生存与发展。

中国民营企业的平均年龄 2.9 年，生存时间之短暂，举世"瞩目"，绝大部分没有爬出摇篮就往生了。2015 年 12 月至今，很多曾和我们一起路演的创业型公司都已经不在，可见创业企业生存之艰辛。生存都不易，发展就更谈不上。因此本节的内容只是给大家分享企业应该如何活着，至于发展的问题，以后再说。

企业像人一样，活着得有新陈代谢，得有东西吃有衣服穿。这些是企业的血液。这个血液就是现金流。

上节中已经阐述了钱的来源问题，我们还要继续深入下去。谁都想无忧无虑度过童年，前提是有个好爸爸或者好妈妈。这与努力无关，完全是会投胎的结果。企业诞生之初，就不平等，王思聪创业比一般人不知道要轻松多少倍，有王健林那样的好爸爸或者有家大企业做依靠。虽然未必成功，但至少可以多活一阵子。拿到投资的，也都属于幸运儿。

但企业要真正活下来，一定是在市场竞争中活下来，而不是靠输血活着。只有从市场竞争中获得的金钱，以及企业通过市场锤炼的赚钱能力，才是企业生存下去的真正保障。

找到现金流，并且保护好它。

在市场竞争中活下来，至关重要的是找到现金流来源。2C 市场，找到现金流相对比较容易。开个小饭店基本上当天就会有现金流；虽然量不大也未必盈利，但有现金进来，就会让公司运转下去。这也是为什么中国的大部分创客都从 2C 市场开始创业的重要原因，因为吃喝玩乐容易形成现金流。有了现金流，企业就不容易死。消费者市场（2C）中做硬件创新的，搞消费类电子产品的也许会慢一些。工业品前期的投入还是蛮大的，从 IC 设计、出样品、量产到消费市场，相对而言周期较长。有些伙伴甚至连样品都还没有做出来钱就花光了，这都是创业路上的坑。市场容量和机会是正相关的，和难度是成负相关的。容量越大机会越大，但难度会增加；市场越小机会越小，但难度会降低。很多人可能会不理解，既然市场大机会大，难度应该降低才对，为什么会难度增加？这里面要考虑竞争关系。市场容量大，但是竞争者也多，相对而言难度就会增加，如吃喝玩乐类的市场，基本都是红海，已经打得头破血流。后进入者生存不易。利基市场机会不大，市场容量也不大，但竞争者少，突破的难度反而降低。这和通常的认知是相反的，大家都看得见的捷径一定不是捷径。

组织市场（2B）的现金流比消费者市场解决起来要难得多，2B市场一般具有周期长、决策复杂、相关利益方众多、金额较大等的特征。不仅需要较大的自有资金支持，还要有较为得力的公共关系。很多2B市场的创业者刚开始都是给一些大公司做某个方面的配套服务，或者成为某些大型流通领域的供应商。店大欺客，客大欺店，是这个市场的常态。很多大型公司对供应商其实已形成了某种盘剥，不仅有账期，并且账期漫长。计算账期的方式方法有些还蛮不讲理。好一点的，半个月、一个月的账期，长一点的搞个半年、一年甚至2～3年都不稀奇。账期长还不算，到期后还不给现金，给承兑汇票。我见过最离谱的一张承兑汇票上面竟然盖了18家公司的财务章。可以想象，整个产业链是如何相互折腾的。悲催的是承兑汇票还有延后到账，如果不用第三方结算或贷款方式就得等承兑到期，很多公司就在等待中被拖死。作为供应商要么用承兑继续向下游抵扣。要么就是找第三方资金方托付处理以期尽快拿到现金，但要额外付成本，一般是利息加服务费。

除了以上的手段之外，大型公司还会利用时间差来进一步盘剥中小公司，计算账期时，掐头去尾，蛮不讲理。例如，约定 2 个月的账期，不是按照送货日期计算，而是从送货日期的下个月开始计算。假如 2016 年 5 月 15 日送的货，账期从下个月，即 6 月 1 日算起到 8 月 31 日才会给你付款，就算是 5 月 2 日给送的货，5 月份都不算在账期内。到了结算日期 8 月 31 号，如果对方能够按照协议把你的货款汇出或者给你承兑汇票，还是值得表扬的。因为到了月底大公司的财务可能要月结或者财务盘点，再不巧遇上周末，2 天的休息日过去这笔款就得等到 9 月份了。很多创业伙伴也许觉得窝火，但市场永远比书本精彩同时也残酷得多。就这样你爱送不送，对方还不稀罕，为什么？你不做有人做。创业伙伴还是冷静下来。产业链是相互依存的，如大公司要求你 5 月 2 号送货，你可能觉得很窝火，白白浪费了一个月，但别忘了有大公司的订单作为背书，你可以给你的供应商有交代，给你的员工有活干，公司才能运转。即使你也欠了供应商的款，但是由于你有大公司背书，你才能玩下去。

所以从事 2B 领域创业的创业者，我不建议是应届毕业的大学生，为什么？因为这里面不仅仅是你自己公司的问题，更重要的是一个产业链的问题。就算技术很厉害，但是由于相关利益方众多，假如和客户的商业关系不到位，一个采购经理就能把你的公司拖垮，而一个财务在你面前比你爸爸还牛。

这种情况不仅是中国，全球都一样。

很多创业伙伴可能依托一些电商平台开始创业，像京东、阿里巴巴这样的电商平台，体量巨大且拥有巨大的流量优势，但是他们对于创业型公司来说是一把双刃剑。用得好，可以帮助创业伙伴迅速拓展市场，用得不好，有可能血本无归。任何公司都只会先关心自己的利益，这是本性。我们有一个客户是做电池的，他们生产的新型充电宝质量非常好，但在京东平台的营销却极为艰难。不仅是流量的问题，京东的采购经理对待他们简直就是皇帝对奴隶。一块1万毫安的充电宝，就算是最低配置，公司的生产成本（不算人工、物流、行政办公费用、利润等，只算物料、设计、加工、模具等成本）也要18块人民币，而京东的采购经理一开口就让他们把价格降到3块钱。我们的客户表示除了造假没有任何办法能解决这个问题。有人评价中国电商已整体拉低中国制造业的水平，这是有道理的。

有现金流不一定赚钱，没有现金流就会死。

当你还是个雏鸟的时候，你吐的是白金也不值钱；而当你是巨人的时候，拉的粪便也是黄金，这就是市场的残酷逻辑。不是真理，但是事实。

不管做2C还是2B市场，当一家创业公司，能找到稳定的现金流，这家公司就有了活下来的可能。这是公司的血液、命脉，是源头活水。因此一定要保护好他，因为随时都会有人来抢。在这里创业伙伴要警惕现在比较火的一个名词，分享经济。

分享经济（Sharing Economy），也称为点对点经济（Peer to Peer Economy）、协作经济、协同消费，是一个建立在人与物质资料分享基础上的社会经济生态系统。分享经济包括不同人或组织之间对生产资料、产品、分销渠道、处于交易或消费过程中的商品和服务的分享。这个系统有多种形态，一般需要使用信息技术赋予个人、法人、非营利性组织以冗余物品或服务分享、分配和再使用的信息。一个通常的前提是当物品的信息被分享了，这个物品对个人或组织的商业价值将会提升。便利、参与感和信任是推动分享经济发展的主要原因。（这定义比较啰唆，也比较难理解）

请注意，不管这个词语正确与否，这里所讲的分享都是指多余的事物，已经充足的东西想产生新的价值然后才拿出来分享。而分享后对自己也没有坏处，只有好处。很多伙伴也许是太傻、太天真，自己的核心价值，或者某些技术秘密，也傻乎乎地拿去分享。有一位学员，最早想到把新鲜水果配送进写字楼、她为此成立公司，招兵买马，写 bp 寻找投资，也许急于求成，也许识人不淑，甚至找一些力量远比她强大的公司进行分享。结果最先想到的是她，最先被淘汰出局的也是她。很多创业伙伴可能在某个领域有一些创新点，这些创新点正是公司的优势。由于比较傻、比较天真，他们甚至分享给他们的竞争对手，或者具有不良企图的投资方，结果是自己被淘汰出局。

高瞻智囊创立的时候是一家咨询公司，国内一些同行巨头，对我们公司的产品是比较关注的（大部分咨询公司营销都是弱项，而这个我们是最强的），有人找我们要兼并但却不要我们的员工。一个老朋友甚至有些恬不知耻地说"老马，你把你的那个（指的是我们的产品）给我，我帮你发扬光大。"我说，"你喝多了！"

再强调一次，创业公司的核心资源，能够带来现金流的那些优势（技术、研发、背景、客户等）一定要加强保护、不能分享。要防止竞争对手随时随地地抢夺、偷窃，千万别犯傻。

商业是关于钱的学问，想得到钱却要研究人。商业行为中有人之所以愿意拿钱给你，是因为你有价值。如果你把资源分享出去，那就是对自己、对公司不负责任。你不分享，既有钱又有友谊；你分享了，钱没了，友谊的小船也倾覆了。

对竞争对手我们既要尊敬对方、学习对方，还得防着对方，这对人性是个挑战。商业的逻辑，不管你认可不认可、遵守不遵守，他都发挥作用。遵守他你会很轻松，违背他你会输得很惨。

快速迭代你的赚钱模式

找到了能在市场中让企业活下来的现金流，就是找到了源头活水，就会慢慢地形成某种类似于反馈系统的模式，也就是大家熟悉的商业模式。商业模式研究的就是钱从哪里来，怎么来的问题。

企业找到一些稳定的现金流，还不够，企业必须有能力发现更多的资金流来源。仅有一个源头，水也许会被污染，也许有一天会枯竭。有能力找到更多的泉水甚至有能力挖井，公司才会活得更好。这就是要找到企业的资金流模式、形成资金流的能力构成模式，也就是大家说的商业模式。

从事 2C 市场，不管是吃喝玩乐还是别的消费领域，假如在深圳成功了，能保证在广州、惠州、东莞也能成功吗？这是创业者要思考的问题。

创业公司一般情况下只能在某些领域，某些地域从事商业活动（互联网企业看起来没有边界，其实也是有边界的，下面的章节会分析）。并没有能力在更大的范围内开展商业活动，这是创业者的起点和资源决定的。一家从事西装定制的初创型公司，创业团队大部分人都是深圳大学的学生，很自然他们的起点就放在了大学校园。不管是出于对创业者的鼓励，还是大学的政策，在校园推广中，这家公司的进展还算顺利，这里面有熟悉的环境的，熟悉的人员以及熟悉的文化背景。但这个模式如果放到陌生的市场环境中会怎么样呢？

一系列的模式组合（开发方式、客户沟通、定价、公司运营、内部关系、外部关系等）在深圳或者在深圳的高校也许是成功的，但能够直接移植到其他地方吗？比如广州？或者直接把这一群人搬到广州去，公司还能够正常的运营吗？这些都牵涉模式迭代的问题。

迭代指的是模式的复制与拷贝。

市场一线的人都知道，深圳和广州距离不远，也就是 100 公里，但在市场微观层面上，客户的意识、市场环境、准入门槛、价格体系、人文、公共关系等的差别其实非常大。再加上产业链的问题，某些领域内甚至完全不同。这个时候企业的模式就显得更加重要。在一个区域，小范围成功的范式是否可以推广到更大范围的范式。这个时候，盲目的转移阵地，或者扩张，就容易导致失败。

一位陕西籍女士，曾在跨国公司（外资农业高科技公司）担任过副总，也在石油系统生意上赚了不少钱。无论是阅历还是资历，作为创业者还是相当优秀的，但是她却在曾经熟悉的领域栽了一个大跟头。一年半的时间，她把自己的积蓄几乎全部亏掉，还欠了一大笔债。

失败的所有原因都在于她的模式问题。作为一个农业方面的专家，当市场环境（客户特征、分布、产业链等）发生了变化的时候，作为 CEO 的她并没有把原来在外资成功的范式加以调整，还是按照原来既定的、曾经让她成功的模式来处理新的问题。客户、资金使用、账期、合作的方式等并没有随着环境的变化而改变，而自己创业，显然已经丧失了跨国公司的雄厚背景，预料之外的开销很快就使得本来就不多的资源枯竭。合作方、资本方、政府官员都想从她这里分一点东西，连官员出国考察的机票都是她出。再加上遇到骗子，结果可想而知。

创业团队寻找到商业模式是件非常不容易的事情，有时候经营多年都未必能够找到。这和创业团队的经历、知识结构、价值体系、产品、行业都息息相关。尤其是以第三产业服务业为主导的创业团队，复制起来就更困难。相对而言，商业模式越简单见效就会越快，公司成长的速度也就越快；商业模式越复杂，成长起来就越慢，但这个不是绝对的。传统产业的商业模式不需要思考都可以找到，理解起来也相对简单，很多投资人也能看懂，但并不一定具有投资价值。新兴产业相对来说发展空间更大，但是商业模式不容易理解。

很多创业型公司可能产品是比较新的，但是赚钱模式却是传统的。如很多消费类电子产品还是用传统的渠道、代理方式拓展市场，资金压力较大，回款周期也较长。也有一些公司可能产品是传统产品，但他们利用的营销手段或者赚钱的模式有了创新，市场也会做得不错。

我有一个学生，他们做的是消费类电子里面的美容产品，就是一款补水器。产品的创新不是很大，但是公司采用的营销手段有比较大的创新，采用微商的打法（结合传统渠道和传销之间的一种模式）取得了不错的市场反馈。

具体到某个公司，创业团队到底该采取哪种方式形成自己的赚钱模式并且快速迭代，完全是个性化的，没有什么固定的规律。即使有，通常也只是一般性原则，如扬长避短、单点突破等。这些原则在公司到底该如何使用，还是要经过市场的检验而不是理论的说教。下面的章节中会给出一些具体的策略，每一个创业伙伴都要根据自己的实际状况灵活使用这些策略。

创业公司的首要问题是生存，"剩者为王"，不是胜利的胜，而是剩下的剩，这就是市场的残酷逻辑。

第 二 章

市场推广的精益策略

目标市场与目标客户

　　本章开始，我们来谈具体的，属于大部分营销团队每天都要做的工作，也就是狭义营销的内容。专业的营销人员或者创业者必须了解：营销的本质是价值创造与传递，本章谈的是工具层面的（狭义的营销）。虽然非常重要，但如果没有（本质）理念的指导，工具本身没有意义，仅仅针对工具进行探讨不仅浪费时间，更会丧失目标。同时创业者也必须清楚：企业的真正价值是能够不断地创造顾客，而非在营销工具上变换花样。这完全本末倒置，却是目前企业界和学界的常态。

　　只有创业者清晰地识别出了市场、用户、客户等关键要素后，狭义的营销（工具）才变得重要。战术永远不能解决战略问题，将军关注战略，并不意味着忽略战术，上战场、拼刺刀，刀法越精，杀敌越有利。这仅是常识，并不需要特别注明。狭义的营销，一般情况下可以分为市场活动与销售活动。市场活动的英文也是 Marketing，这也是学界争论不休的重要原因之一（很多学者喜欢争论，并且通常文人相轻，但受过严格训练的学者会首先定义概念的内涵与外延）；销售活动的英文是 Sales，同时也指销售员。

创业企业识别客户与用户是谁后，要做的就是把他们从模糊的背景中进一步区分出来。做餐饮的，不可能把中国八大菜系一网打尽，列为伟大的目标可以，但工作却不能这样做。创业者必须以公司的现状与期望目标确定客户到底是哪些？他们在哪里？他们的分布、活动规律、接受餐饮服务的方式。与他们对接的可能性、竞争对手采用何等手段等。这里面的要素很多，很烦琐、有挑战性，同时也很乏味。某些好大喜功的 CEO 以漫天作画的方式，跑马圈地。似乎满大街的人都是他的客户，这样的浪漫主义是不适合创业的。纸上谈兵焉能不败。

2B 领域市场也一样，到底谁是你公司的客户？公司名单、地址、营业额、相关利益方是谁？再具体些。客户公司的决策者、使用人、关键人（又称守门员）、线人、有影响力的人在哪里？他们组织结构怎么样？决策圈与决策比例是什么？

找到目标的过程会产生大量的浪费。

大部分公司都采用试错法，一个一个的实验，然后一个一个的排除，这种传统的工作方法，不仅浪费金钱还大量浪费时间，初创型公司面临这个问题，上市公司也好不到哪里去。在这里，指挥官似乎变得低能，原因在于，很多指挥官并没有对企业价值的识别能力，而仅仅是专注于战术层面的工匠，甚至于讲，很多创业者都不知道自己要做什么，就盲目地在市场中寻找所谓的梦想。

公司存在的价值就是创造顾客、创造价值，营销的第一个功能就是价值识别。也就是说，寻找目标客户的画像更多地应该是在"头脑"中完成的。首先有一个模糊的轮廓，然后要把这个轮廓加以小范围的验证，把相关信息收集回来后进一步更改头画像。这个过程，循环往复，直到找到精准的目标。这个过程中，想象力比跑腿重要得多。从功能、定位、竞争性、价格区间、区域、分布人群等都要把它一一清晰化，这个过程耗时费力却不能省略。遗憾的是，大部分公司都不会这么做，他们一头扎进市场，就如一只鸭子进了大海。

很多人可能会反对我的说法，他们甚至用励志故事来说明没有勇气扎进大海的鸭子都不是鸭子。这种混乱的思维方式正是中国企业竞争力不强的原因之一，也是勒庞在《乌合之众》一书中反复说的，民众总是擅长于行动而拙于思考。

无论从事哪个领域市场，对市场的了解都是前提。今天这个时代如果还去搞BB机，你就是傻瓜。很多创业伙伴就是这么可爱，不管从事什么行业都鲜有理性的头脑分析后再行动。大部分人是先行动而后被迫思考。有人辩解说什么都知道了就不会行动了，在我看来这仅仅是一些人掩盖自己无知的表现而已。以色列的年轻人平均每月阅读专业论文级的书籍超过 6 册，我们很多的大学教授都做不到，许多创业者热衷于社交而不是阅读。

了解一个市场，还要对市场进行量化分析。商业是要赚钱的，作为创业者，还必须知道市场的天花板有多高，这个概念称为 CLV，即产品生命周期内的客户总价值是多少。

CLV 的计算公式是 $CLV=mr/(1+i-r)$，其中 m 为利润，r 为保留率，i 为贴现率（指将来收益折算至当前的转换率）。

这个公式不好理解，我们用例子说明。

假如开一个餐厅，你需要考虑这个餐厅周围的各种因素。除了安全之外，更重要的是这个餐厅能够影响到的实际有消费能力的人群到底有多少？他们的特征、习惯、在哪里？他们的画像、样本、偶像等，这些因素要找出来其实并不容易。美国据说平均 1500 人就有一家调查公司，他们会按照要求调查你需要的这些数据，但在中国这个工作基本上要自己完成。根据调研数据可以计算出一定范围内目标客户的总体价值。看是否足够支撑你的投入产出。有时还要调查现实竞争者以及潜在竞争者。我们的民族性与其他民族相去甚远。犹太人会利用一套数据完成不同的业态。一个地方，甲开一个餐厅，乙开一个理发馆，丙搞一个加油站，这样就构建了和谐的商业生态。客户的 CLV 是递增的。但中国人是第一个人搞餐厅，第二个、第三个人会搞更大的餐厅，结果大家都得关门。对于每家店来说，客户的 CLV 是直线递减的。

商业上满足的需求越多、市场范围越大，其实定位越不准。小公司最好从利基市场入手，也就是大企业基于盈亏平衡，投入产出比而放弃的细分市场，马云所说的大象踩不死蚂蚁，指的也是这个意思。

2B 市场与 2C 市场的客户、用户一般也有重大的区别。2C 市场的客户主要是家庭或者个人，可以有某个形象代表，更多的是一个群体的形象；2B 市场的客户相对来说比 2C 要清晰得多，因为是组织，可以具体到一个单位，某个公司的某个部门，进而某个人或者几个人。2B 市场客户相关利益方众多，营销人员面对的是具体的个体，其实反而更简单。2C 领域就不一样了，除非是非常熟悉的顾客，否则很难知道他什么时候有明确的需求产生，更多的是一种概率行为。

零散的个人更像是乌合之众，作为经营单位（一般是组织）面对乌合之众可以各个击破。面对一个组织的时候，作为经营单位的个人或者几个人（通常是营销团队）就显得力不从心。这也是为什么 2B 领域的市场份额虽然占比极大，但是从业人数却非常少的原因。有能力搞定组织的营销人员（或销售人员）其大脑结构与通过组织搞定个人的营销人员是不一样的。

创业团队寻找合作伙伴的时候，负责运营的CTO或者MTO(Marketing Technology Officer)理应和公司的战略目标一致。如果公司从事2B领域市场的，那最好找一个具有2B市场思维模式的人来担任这个工作；如果以2C领域的思维模式来应对2B领域的挑战，基本都会以失败而告终。

在我多年的Marketing Consult职业生涯中遇到的大部分企业，其营销效率之低下让人震惊。很多从事互联网业态的企业，他们采用的营销理论与营销方式却是大工业时代的（不要看他们讲什么概念，而看他们做的事情）。本来是工业品营销的却偏偏信奉所谓的互联网思维，搞得连目标都丧失了。很多人嘴里满是各种时髦的概念，其实他们对概念一无所知，仅仅是为了社交或者给投资人讲故事，这种计划方面的浪费就意味着战略的完全失效。用错营销理论，好比给病人用错药，结局注定悲催，绝大部分创业团队之所以失败，这是其中最重要的原因。

人类到目前为止的所有商业形态，从投入产出的角度可以分为以下几类：

1. 即使投入得再多，产出也是有天花板的。比如农业，就算投入再多一亩地的产量在一定时间内都是常量；畜牧业也是，牛奶必须从母牛的肚子里挤出来，这是自然规律决定的。因此投入和产出是非线性相关的或者是非正向相关的。这个领域的投资再大，收益都有上限。这种领域的商业，营销工作通常都是持续化的，不仅受到时间（通常是季节）的影响，还会受到通路的影响。营销沟通工具对交付的影响甚小，有时候几乎可以忽略不计。这个领域的营销，就算"互联网思维"叫得再响，橘子还是得从树上结出来。把新疆的大枣运到深圳还是得靠高铁或者飞机，互联网一点作用也起不了。交通上的稍微一点意外，美好的商业计划就全泡汤。

2. 有投入就有产出的商业。此类商业的投资和产出没有什么限制。比如手机，只要某个型号通过测试定型，理论上可以生产出无限。一批不够，再生产一批。几百万、几千万乃至于几十亿台都没有问题，工厂只要加班加点就行了。只要有投入则一定有产出，投入和产出是正向相关。即使一部手机赚1块钱，可以赚无数的钱。这种商业形态是大工业时代的营销，汽车是这样，还有很多日常生活用品都是这样，这是人类进入工业化时代后的业态。这个业态彻底改变了人类的生产、生活水平，让今天的普通人能比过去的皇帝生活得还要奢侈、便利与幸福。遗憾的是今天很少有人关心这个。

3. 一次性投入，可以无限产出的商业。这一类商业的投入和产出也是非线性相关，甚至是负相关。也就是说投入是一次性的，但是产出却是无限的。如游戏、出版物、卡通形象、电影、视频、软件等，这类产品的特征是投入是一次性的，但是可以无限量的产出并且几乎没有成本。当一个软件被写出来，如果还比较好用的话，那么理论上这个软件可以无限量的复制但一点成本都不增加。出版物也与此类似，纸质出版物可能还要印刷成本、纸张成本，但是电子出版物在作者写出来以后就几乎可以无限制的被复制，要多少有多少。作为生产者，假如每次复制给作者 1 分钱，全球几十亿次复制或者阅读，那么作者都可以成为大富翁。此类商业形态更多的具有虚拟性质，更多的和人们的大脑、情感等摸不着的东西相关联。

在第三类的商业形态中，所谓的"互联网思维"是有价值的。只要能够引发关注、引发下载、引发复制，对于生产者而言几乎没有成本。营销沟通就变得极其重要，甚至仅仅剩下营销沟通的问题。这个时候互联网的优势会发挥得淋漓尽致，无限的沟通等于无限的被复制，可能等于无限运转的印钞机。

所谓的"互联网思维"如果仅在这个领域使用，还是很有价值的，但是当互联网＋的时候大家就要慎重了。因为第一与第二类产业不管怎么加，其物理属性都无法超越。如果硬要加就一定会在挑战自然规律的过程中碰得头破血流。

顾客涉入理论

在消费者行为学中有一个重要的理论叫顾客涉入理论，指顾客对于产品和服务从心理学层面上的介入程度。对于营销人员理解客户与市场有极为重要的作用。

涉入又可以分为情景涉入、持久性涉入、反应性涉入等。

我们不重点解释这个理论，各位读者可以从网络上搜索相应的解释。要重点给大家阐述的是不同的顾客涉入在市场推广中要注意什么。

顾客的涉入按照程度分类，一般情况下有两类，一类是高涉入性的，一类是低涉入性的。至于什么时候高、什么时候低、哪个客户高则完全是个性的、随机的。

下表有一个比较说明：

行为构面	高涉入过程	低涉入过程
资讯收集	积极主动收集与产品或品牌有关的资讯	只收集有穰的（关键信息）产品或品牌资讯
认知反应	抗拒那些和原来认知不同的资讯	消极接受那些和自身经验有差异的资讯
资讯处理	采用层级式顺序处理资讯，决策过程复杂且伴随购买前方案评估	采尝试使用决策顺序处理资讯，容易产生冲动性购物
态度改变	不太容易也不常发生	经常改变态度
品牌偏好	经常有品牌偏好，忠诚度较高	可能重复购买产品。但非高忠诚度者
认知失调	容易产生购后认知失调	认知失调不易发生
同侪影响	外控倾向者较易受人影响	较不注意他人行为
广告反应	易受广告吸引且资讯内容比重复次数重要	资讯重复次数对态度影响较大

　　从上表可以看出，营销的过程其实也是一个和客户行为、心理交互的过程。如果客户是高涉入性的，相对而言营销的效率、效果、交互程度以及售后维系等相对要容易得多，同时竞争对手的竞争成本也比较高，客户的忠诚度相对而言也比较高。

　　而低涉入性的产品或者客户行为，客户容易发生变化。由于其参与程度较低,替换成本(无论是心理学成本,还是经济成本)不高,因此顾客忠诚度低,竞争成本也低。

顾客涉入理论可以用于产品设计,也可以用于营销过程。

作为专业的营销人员在理解了涉入理论后,在产品设计时就可以根据公司的战略目标设计产品和服务。通常情况下,如果产品是高涉入性的(如打怪升级类的游戏、项目产品、复杂购买的工业品、组织客户购买、对当事人造成重大影响的医疗类产品等),其购买的周期、决策的时间、思维深度、专业壁垒等通常都比较高或者较长,竞争对手也难以模仿。这样的产品一般也比较难以标准化,因此从营销的角度,这类产品往往具有高价值、低数量的特征。

如果产品是低涉入性的,如一般的快消品、消费类电子产品、标准品配件等,这些产品客户的选择成本很低,价格导向明显。顾客的购买不需要深思熟虑,而是冲动或者随机购买。竞争成本也低,谈不上什么顾客忠诚度。

顾客的涉入程度决定了市场推广策略的选择,营销人员经常犯的错误是把高涉入性的策略,如顾客体验、交流交互等用于低涉入性产品的营销。我们经常会看到在商场里面市场推广人员把普通顾客当作高涉入性客户对待,买一袋洗衣粉或者其他快消品等搞得很隆重,这样的营销本质上就是错误的。幽默点说,就是用高射炮打蚊子。

但另一个极端也是导致大量顾客不满的原因，如去医院看病，患者到医院去是去寻求帮助的，从营销的角度是进行医疗消费，这是典型的高涉入性营销市场。作为医务人员理应把顾客（患者）的高涉入性加以关注，从而消除顾客的疑虑以及减少摩擦。但是由于知识的不对等性及医疗资源的相对不足，在医务人员眼里患者是不需要高涉入性的，就如在市场买菜一样，在医生的眼里看病完全可以标准化。

很多从事 2B 领域营销的营销人员经常犯的错误就是把项目或者解决方案当作一个东西卖。这种人为降低客户涉入程度的营销，即使客户买单了，最终项目的执行也会困难重重。因为理应顾客主动参与的过程，顾客都是在被动接受。

选择样本

市场中寻找到了目标，（虽然这是一个极其困难的过程并且经常发生偏差与失误）下　步要做的事情就是选择主攻点。通常情况下，一场战役总有那么几个点是主要攻击点，而其余的都是路径。（就算是全面战争也不能遍地都是战场）。这几个战役的主攻点就是我们要寻找的样本。

任何企业，资源都是有限的。如果战争开始就遍地开战，结果一定不妙。很多从大公司出来的创业者经常会忽略这一点。就经验而言，此时农夫的思维反而最有利。在我多年的咨询经历中，最害怕的就是那种好大喜功的高级经理，他们会拿出一大堆华而不实的计划说："你看，我已经有全面的计划了"

尤其是创业型企业，最要紧的是寻找市场的突破口，而不是像马克·吐温笔下的塞勒斯上校一样大手一挥，打到任何一个想去的地方。无论是 2B 还是 2C 市场，大部分客户属于沉默的多数。要想寻找突破口，我们必须对人群加以研究。

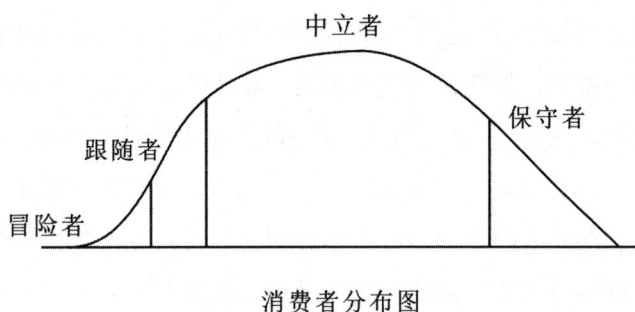

消费者分布图

　　上图是一张按照消费属性和心理学特征划分的分布图，这是群体心理学研究的成果之一。研究显示，在指定的区域内，人群对于消费心理学倾向总是存在着以下分布特征。

　　1. 冒险者。大概有 2% ～ 5% 的人属于这个范围，这类人群不管在哪里、哪个领域都属于少数（有范围是因为所有的调查都仅仅是样本，并不能完全代表真实。不同的样本选取、不同的事情、不同的环境其比例一定会有变化。如在大投机的背景下，冒险者就会增加。我们不必深究比例的多少，重要的是理解人群的心理状态分布情况。）冒险者类型的人在群体当中有着敢为天下先的勇气。（读者要注意的是这种勇气是分场合和环境的，有的人可能在这个领域是冒险者，但是到了另一个领域就可能不是。从消费者心理学角度，我们要寻找的恰恰是你自己所处领域的冒险者。举例说明，马老师是素食主义者，有宗教信仰、喜欢读书、音乐，对未知充满好奇。我在很多领域都属于保守者，因为我既不喜欢吃，对穿也不讲究，但我对于健康领域、心理学领域却是绝对的冒险者）他们天生会成为领域的领导者与创造趋势的人。

2. 跟随者。这类人群是追赶潮流的人，某种意义上说冒险者有时是创造或者制造潮流的人，而跟随者就是追赶潮流的人。跟随者对于时尚、潮流有一种近乎天生的敏感，但通常又不具备创造潮流的能力。他们活泼、时尚、小资，还有点盲从，对明星或偶像充满崇拜向往。这一类人群大概占总体的 15% 左右。冒险者与跟随者加在一起占总体的 20%，正好符合 20/80 法则。

3. 保守者。即使社会的大部分人都已经动起来了，也依然是不会行动的那种人，这一类人通常会占到人群的 10% ～ 15%。这一类人对于社会的流行趋势、变迁毫无兴趣，甚至一无所知。他们沉浸在自己的天地里，可能真的不关心，也可能是因为条件不允许。总而言之，他们对于流行趋势、消费趋势毫不在意。这类人通常不是客户群体，无论什么领域都一样。 就算是刚需市场，也不是客户。在这类人身上所投入的和产出的永远不会成正比。机会成本太高，最佳的方式是放弃。

4. 中立者。剩余的部分属于中立者，这是沉默的大多数。这部分人有需求但是不大，并且消费往往发生在产品生命周期的后半段（成熟或者衰退期）。通常是市场成熟以后才考虑的人群，初创型公司，不能把此类人作为重心。中立者数量庞大，但消费能力加起来都不如冒险者与跟随者多，这又是一个20/80。

选择样本的目的在于目标市场之下使营销目标更加精确，而不是用机关枪扫荡（这是销售中最应该提防出现的机关枪现象）。精准打击是所有战役的高级目标，但精准打击需要头脑；更多的依赖于指挥官的决策以及战场信息的搜集。这种组织能力是很多营销团队极度匮乏的。机关枪扫射很快就会把公司的资源消耗殆尽。尤其对于初创型企业来，有可能是一种灾难。

样本的选择不是件容易的事情，因为很难从感觉上判断出哪些属于领域冒险者，这更多地需要营销者用"心"去观察。励志故事中的成功者，为了在市场中寻找商机，有时甚至会待在街头观察行人。这点倒是真的值得学习。如果从事和90后有关的生意，那你就务必要了解90后的偶像、语言系统、热点、习惯等，从中找到最富有代表性的那一撮人（冒险者或者跟随者）。富有经验的营销者会从一个普通的消费者的话语中得出非常丰富的信息，这有赖于营销者的用心、实践以及时间积累。

世界上没有完全相同的两片树叶，某种层面上说每家企业创造的产品其实就是企业的那群人的心智地图。

一个没有深度的人，不能指望能创造出有深度的产品；一个没有诗意的团队，也注定搞不出什么真正的情怀。

所有伟大的产品与伟大的公司都是基于对于人性的彻底了悟。

选择最佳路径

目标确认的情况下，再考虑策略或者路径。这是管理学常识。

盲目上路的创业者很多，为了创业而创业的人也不少。有人喜欢拿唐僧西天取经说事，说当初上路的时候没有团队，走着走着就有了孙猴子、猪八戒等。这样的说法调侃一下是可以的，却不能当真，唐玄奘的西行是个预先设计的伟大工程，无论是天庭还是尘世天子乃至于西天老佛爷、各路神仙，无人不知。不仅目标明确，资源配置也非常到位。这个故事告诉大家，没有目标之前谈路径、谈方法、谈策略毫无意义，就如我们不了解自己的产品谈互联网一个道理。

初创型企业选择经营目标本来就不容易。就算有明确的目标，创业路上也是九死一生，何况没有目标。我的建议是，一个人连目标在哪里都不清楚的时候最好不要创业。励志故事中总是说可以边走边看的成长，走着走着就有了目标。但就我的经验而言，这纯属扯淡。经过美化的东西，是小说，而不是创业史。创业是真刀真枪，不是谈情说爱。选定目标是创业团队面对的第一道必考题，否则就没有未来。

路径选择是创业成功的关键环节。

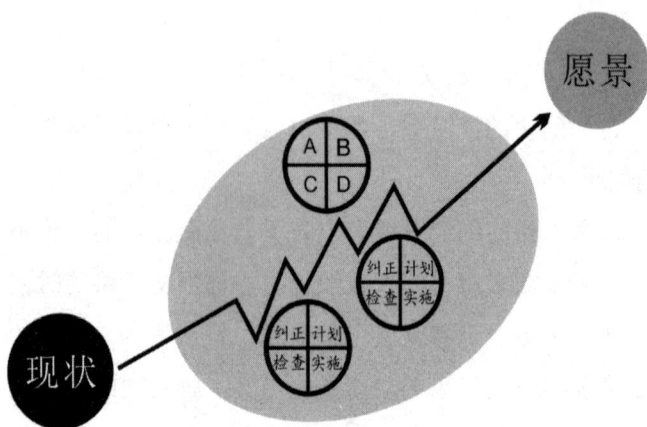

从 A 点到 B 点有多少条路径？ 答案：A 到 B 有无数条路径。

A 点是起点，是基准点，它包含了创业者所有的现状（技术水平、资金、产品、团队、创新、隐藏的能力等）；B 点定义为目标（期望的客户、市场、商机、利润、占有率、技术水平、研发等），从 A 点到 B 点实际上有无数种选择。

但哪一条是最短的路径呢？

　　理论上两点之间直线最短。但现实是丰富多彩的，无论在哪种情况下从现状通达目标的过程都很难是一条直线。在不考虑竞争对手的情况下，有 N 种可能的路线；考虑竞争对手，路线会更多也更曲折。

　　比如要从深圳去广州，起点和终点都一样，路径却有无数条。可以选择自驾，也可以选择乘坐高铁甚至可以选择骑自行车，乃至步行。就算是自驾，可以走广深高速，也可以走 107 国道，高兴了跑惠州绕一圈再过去也没有人管。在起点和终点的所有连接线中，有无数的工具，汽车、高铁、大巴乃至拖拉机、骑马、自行车、步行，甚至发明某种工具也可以。这里面还可以有无数的路径连接方式，汽车自驾全程、半程、高铁转公交甚至于坐飞机过去也行。不同的工具与路径连接方式组合，就构成了从深圳到广州的路径图。这个路径在不考虑竞争对手的情况下有成本和习惯的问题，在考虑竞争对手的情况下会考虑机会成本以及交通拥堵的问题。

　　不考虑竞争对手，路径选择主要靠创业者的心智地图。开车有开车的好处，也有开车的缺点；高铁有高铁的快捷，也有高铁的转车麻烦。至于当事人选择什么，一方面基于成本，另一方面基于习惯。有人喜欢自驾，而有人就喜欢高铁。这个就是企业的风格，本质上是由创业团队的心智地图决定的。

　　九年前，我曾跟随老板在上海组建过一家管理咨询公司，（那家公司很短命，存在了几个月，就宣告倒闭，高瞻智囊相当于继承了原有的全部产品）在营销路径的选择上，其实犯了很大的错误。上海作为总部，主要业务单位却设在了温州和苏州。老板认为公司的实力，员工的能力都非常强，尤其是他本人的能力，完全可以在三个月内实现财务平衡。作为一家初创型企业，老板要求我们出差一定要坐飞机，住酒店一定是五星级酒店。这种高调做派自然很受市场和员工的欢迎，但这种高逼格导致公司的财务迅速枯竭，而市场也并没有如他所想的一路绿灯。几个月后，公司就已经难以为继了。

在充分竞争的市场，路径的选择就不能仅仅靠团队的想法。还必须考虑竞争者。例如，自驾去广州，广深高速、107国道都大塞车，这个时候创业者的习惯、金钱都不算数。车子再好，路堵死了也没有办法，反倒是乘坐高铁更快捷，虽然当事人可能一点也喜欢坐高铁。如果正好赶上春运，连高铁车票都买不到，这个时候最不喜欢的大巴车可能就是首选。

道理谁都懂，作为创业团队比较难以回答的是：现状和目标之间到底有多少竞争者、多少坑、多少坎坷？大家都看到的高速通道，也许并没有什么机会。免费政策使得每年节假日高速公路都大塞车，结果免费变成了最贵的成本。从互联网开始的诸多创业伙伴面临同样的挑战。创业伙伴给投资人讲的信誓旦旦的故事，投资人不知道听过多少遍。全社会都畅谈互联网，赚钱的往往是互联网的基础架构领域而不是应用（APP）领域。倒是一些愿意穿越羊肠小道的开拓者最后可以成功，原因很简单因为他们选择的才是竞争条件下最近、最佳的路径。

营销工具很多很多，互联网只是其中新兴的一个；传统的营销工具并没有过时，无论是传统渠道、批发代理；还是专卖店，依然具有不可替代的优势。在移动互联网时代，广播的听众反而有长足的发展，包括听众的构成也发生了重大变化。这些对于创业者而言仅仅是工具，至于什么时候采用何种工具更多地取决于创业者的心智地图以及环境的变化。既要跑得快，又要低成本永远是一对矛盾，只有做到二者兼顾才是最后的赢家，否则市场就会把你淘汰。（众所周知的，中国大陆电商较发达，而日本的实体公司很发达，电商不发达。并不是说互联网就一定厉害，这是佐证，后面的章节，我们还会分析互联网，同时，路径也不是指的互联网，这点要给读者强调）

从 A 到 B 的所有路径之和就是市场环境。市场环境对于任何一家公司而言都既有有利的一面，也有挑战的一面。当一家公司可以随心所欲地选择多条路径的时候，此时市场称为完全蓝海市场。因为几乎没有竞争。大地上没有路，人的足迹走道哪里哪里就是路。此时创业者是孤独的，没有人理解，连竞争对手都找不到。像乔布斯一样，重新构建一个新的世界。这种开拓者只要不成为先烈，能活下来就是伟大的公司。完全蓝海条件的市场，并不是良好的市场环境，因为太过于单一与超前，大部分创业者都会死亡，好比开拓新大陆，留下的往往是历史的偶然而不是当事人的努力。

随着市场的发展，同行者或者极少数的跟随者进入此领域，先行者已经有能力开始某些标准的制定。此时市场环境依然是没有竞争的，市场还是需要大力的开拓，创业者依然需要衣衫褴褛，篦录山林。这是蓝海市场。蓝海，是能够产生行业标准、标杆的时候，很多领域，最初活下来的行业领导者将会变得一骑绝尘。而超过这个期限再通过竞争留下来的公司，即使很大，也很难有绝对的优势。

市场再往前发展，跟随者或者同行者就会慢慢多起来。更多的人看到领域潜力，有钱赚、技术通过迭代也变得相对容易。参与者就会更多。水就开始变浑。此时市场环境其实还没有恶化，大家都还有钱赚，相对来讲，就盈利能力而言，此时的市场反而是最好的时候，通过众多人的参与，市场经过了培养发育，已经逐渐走向成熟。智能机领域就是典型的案例。初期的智能手机投入高，成本也高，盈利少，虽然很多大公司已经有自己的核心技术，但市场并没有被完全开发出来，随着联发科技术以及高通芯片的普及化，众多的智能机厂家仿佛一夜之间冒了出来。人类开始进入智能机时代，移动互联网的春天才得以形成。市场变浑，大公司已经开始兼并、组合。这个市场称为"浑海市场"。（本概念是本人独创的，和成熟市场的区别在于，此概念更像成熟市场的前期，尚无专业术语表示此时期，此时的市场投资最有价值）

人类的商业形态基本上按照前期、发育期、成熟期、充分竞争期、晚期这样的路径来演化。不同的领域，每个时期的长短不同，也会呈现出不同的特征。但基本规律都差不多。当竞争到一定程度，市场环境就开始急剧变坏，同行者、追随者越来越多。路越走越窄，水从浑浊变得发红乃至于有血腥味，这个时候的市场称为红海市场。充分竞争的市场，对于顾客来说是好事情，因为可以以更低的成本获得生活、生产水平的提高，但对于公司而言却意味着高投入仅能获得低产出，甚至是无产出。

移动互联网的上半场，大部分创业伙伴选择的都是红海市场，竞争者众，甚至已经打得头破血流。说实在的，这种创业意义不大，浪费太多的社会资源。因为人多热闹，很多投资人也完全迷失在这个领域。各种似是而非的理论、各种胡说基本都发生在这个领域，"互联网思维"仅是最响的代表。

遗憾的是竞争还会进一步加剧，这个时候水已经不再是发红的问题，而是血水，此时的市场叫血海市场。像 BAT、手机、出租车等领域基本都是血海市场。很多业内的中小企业甚至连第二名的同行者都会退出竞争，这完全是一种恶性的、丧失理性的竞争。资本张开血盆大口，变成资源独占性的垄断。不要说小公司，创业者，很多曾经的巨头都会成为炮灰。这个领域对于创业者来说，最好敬而远之。

在充分竞争市场中，初创型企业并没有多少可以选择的路径，这和努力关系无关，更多地受到环境的影响，这是创业者要注意的。

创造热点

确认了目标市场，并且选择了至少逻辑上讲得通的路径，下一步要做的就是寻找市场的切入点。这个工作和样本的选择有些重复，工作的重心却不同。样本是工作的目标，不管是冒险者还是跟随者都是从客户的角度来看待的，指的是最有价值的目标。但这些目标到底该如何获取，采用什么样的方式方法获取？则需要深入研究。这里需要用到具体的、微观层面的传递价值部分的工具、方法。不管是从市场活动吸引目标客户过来，还是主动地上门推销或者销售，切入点都非常重要。好的切入点事半功倍，不好的切入点事倍功半。这个切入点称为热点的制造。（还要注意的是这个热点和营销技术上所讲的客户痛点、兴奋点、关注点等的不同。客户的兴奋点、痛点更多的是从客户心理的角度分析客户需求的切入点，通过这种方式找到顾客最关心的、最痛的点从而促成签约。这里讲的创造热点的概念和这个兴奋点、痛点有明显的不同。）

制造热点是在略显宏观的层面上，结合当时当下的环境，人为地把波澜不惊的市场掀起朵朵浪花，从而创造出对创业者有利的天时、地利、人和。（移动互联网讲寻找风口，说如果找到了风口，连猪都可以飞。每个时代有每个时代的主题，任何企业都不可能违背时代的主题来获得成功，这个常识。人类社会都已经进入移动时代了还做 BB 机，一定是傻子。随着社会的发展，很多行业会变成夕阳产业，这也是常识，其实没有必要上升到信仰的高度，更不必搞得人人都去寻找风口而等着摔死一地的猪，只要是正常做企业的人都还不至于愚蠢至此。我们更关注鸟儿飞行的原理，掌握这个能力就算没有风也能飞上蓝天。）

很多成功的企业在此领域具有天然的创造力。

我们从创造热点的角度重新审视一个大家都非常熟悉的营销案例，大地震已经过去 9 年了，在当年全社会都高度关注的事件中，不同的企业表现完全不同。获得大成功的是王老吉（现在的加多宝），反面教材是被骂得狗血喷头的万科和王石。

分析背后的行为模式就会发现，其实还是企业运营团队、创始人的心智地图在起作用。就社会心理而言，举国悲痛的日子大家都希望有能人成为领袖，化悲痛为动力。王老吉抓住了时代赋予的机遇，1 亿捐款成为社会意识的巨大汇合点，把社会的关注点从悲痛转化为对企业的赞誉，这是创造热点的天才设计。

这是群体心理学最神秘，也最迷人的地方：同样的一句话，不同的时间点、不同的背景下讲效果完全不同。聪明的人总是在对的场合、对的时机讲出对的话，那就会成为热点，而错过了任何一个因素，对的可能也变成是错的。初创型企业发展的道路上寻找到风口其实并不难，甚至有时候压根就不需要寻找，社会会推着你往前走。但在社会大潮中创造属于自己的热点却非常难，这需要不一样的思考模式，以及在平常事物中发现不寻常商机的能力。

创造热点的工具

作为战略管理的 PEST 分析工具，可以用来寻找时机从而创造热点。（P 指政治的；E 指经济的；S 指社会的；T 指技术的。下面章节中将谈到创造新产品的 SET 模型，从某些层面上讲也可以用来创造热点）。孙子兵法讲：兵者，诡道也。一曰天二曰地三曰法四曰将五曰度，为将者不可不察。天指的就是天时；地讲的就是地利；法就是规则；将指的是人的能动性；度指的是节点。归纳起来是综合利用各种因素创造出对自己有利的时间、地方、人、事，从而达到正确的目标，这个过程就是创造热点，在营销上就是切入点。

2C 与 2B 市场由于客户类型的不同，创造热点方式也不同。2C 领域，一句好的广告词放在特定背景下，就可能成为热点。如"世界这么大，我想去看看"就是在高压力环境下，众多人士心声的汇集点，通过互联网的传播迅速扩大从而成为经典。2B 领域，通过新技术发布会可能创造热点。苹果公司正是通过发布会让每一款产品、苹果的理念成为热点，这是天才般的成功，相比而言，国内众多厂家就有些画虎类犬了。去年年底，深圳市乔合里公司（我们公司股东之一，国内防水连接器明星企业）联合国家有关部门在他们公司举办了一场国内顶级的技术交流会，这也是创造热点的范例。

创造热点的关键是对内部、外部因素的综合把握能力，最终得出一个看起来似乎是幸运的结果。对的时间、对的地点、对的人、做对的事，很多人认为是不可能的，完全靠运气。实际上，运气背后，有着极为深刻的思维行为模式。（这是系统科学的研究范围，营销人才库五星级营销人才的训练中有较完整的课程体系，告诉大家如何从思维层面上训练这种能力，创造各种幸运，创造黑天鹅）。这种思维方式类似于中医学，讲究整体论，以及辨证论治。学西医的人往往很难理解为何在腿上可以治头痛。这实际是思维方式的不同。

策　略

策略属于工具层面，确定了目标、路径后，工具才有用武之地。至于用什么工具，只要能服务于目标，压根没有任何限制。攻城略地，炸药可以，机器人也行，飞机大炮也未尝不可，工具箱的工具可以随时更新、重构、创造。就营销而言，场景、社群、粉丝、炒作等都是工具，一点也不新鲜，更不是什么互联网特有的招数。

几万年前智人就知道把动物围起来再猎杀。现在的互联网企业也是这套路，毫无新意。只不过一个是用食物做诱饵，一个是用免费或者倒贴做诱饵。粉丝也好、钢丝也好，都是利用了意见领袖。（营销专业术语叫KOL）。西晋时洛阳纸贵不就是一个文人左思导致粉丝们的疯狂举动吗？"凡有井水处，即可歌柳词"，是柳永同学的明星效应。把纸张换成互联网，网红和这一个套路，不仅招数老套，并且还有点下作。

策略的选择，包括工具的创造，都必须服务于目标。

在人类发明的工具面前，创业者一定不能迷失。工具仅仅是工具。把策略当成目标是诸多创业者最为愚蠢与丧失理智的表现。我见过很多激情澎湃的创业者要搞社群，恨不得全世界人都囊括进来才好。但他却不知道为什么要建这个社群，最终目的是什么？这些已经被牛人和互联网骗子洗过的脑子，连常识都没有。越是把时髦的词语挂住嘴边的创业者，通常越不靠谱。

策略选择的基础是社会心理学。

法国社会学家勒庞写的著作《乌合之众》是社会心理学的奠基之作。在这本书中，勒庞提出了著名的谣言三段论断言、重复、传染。就社会心理学而言，不仅是谣言，所有的传播要想取得成功，都必须符合三段论。

断言是一种灌输，也是一种洗脑，通过语言，把自己的产品和某种群体期望的结果相连。如"送礼就送脑白金"，其实送礼可以送任何东西，为什么一定要送脑白金？连在一起了，就变成了断言。"科学家实验表明"，也是一种断言，科学家多了，到底哪个科学家实验的，表明的到底是什么，其实也没有人关注。这种是什么，表明什么的语言结构就构成了断言，"大海航行靠舵手"也是断言，大海航行靠的肯定不仅是舵手，每个人员都很重要，技术也很重要，甚至天气也很重要，但这句话就突出了舵手的重要。断言意味着把信息进行了有效隔离与有目的的强化，最终在群体心理层面上形成动力定型或者心锚。政治口号和广告词的原理一模一样，只不过目的不同。

断言也是构建文明的基石，比如定理是靠公理建立起来的，文明也是靠断言积累起来的。"人注定是要死的"也是断言，这样的断言既不好也不坏，仅仅陈述事实，就目前人类的科技水平来说还属于真理。但有目的的操控者只要在这个断言上加上某些导向性的论断就变成了洗脑的工具。如"人注定是要死的，当然要尽情享乐"。这个断言就会把人引导到庸俗享乐主义的巢穴里。哲学家和政客都这样做。互联网条件下，他们让位于关键意见领袖（KOL）。徐小平就说："创业者如果没有网红的能力就不要谈创业"。这种断言让人想起法兰克福教授的《论扯淡》：世界上有说谎者并不可怕，因为在潜意识层面说谎者至少还承认真理是存在的；但是扯淡者不同，因为本质上他们既不关心什么是真，也不关心什么是假，他们只关心自己的利益。

重复：就是把断言的语言文字不停地重复，这会加强印记，也会形成某种压力。最终使社会的大部分人丧失基本的判断力。如果某种断言，只说一次，不管真假，都会被忘记，但说得多了，就会形成某种势能，就会传播。重复越多，传播越广。而断言如果通过意见领袖说出来，重复的速度会更快，次数会更多，当形成某种趋势的时候，社会中的大部分人就会直接接受这种断言，而放弃基本

的思考。（具体原因，大家可以参阅《思考、快与慢》）

当重复的人多了，次数多了，这种断言就像流行感冒一样，会具有很大的流动性与传染性。三人成虎，也是这个原理。传染是谣言或者流行趋势形成的重要关键环节。当某种断言开始流行了，传播者的目的就基本达成了。当然是否能够流行取决于很多条件，包括传播者的地位，关键意见，势能，当时当下的社会环境。当流行起来的时候，意见和谣言就会像病毒一样具有传染性，并且会发生变异。

学习策略不应成为创业者的主要目标，这仅仅是工具，完全可以招之即来挥之即去。而不必拘泥于某种理论学派，更不能在此间迷失自己。很多时候，一本工具书或者某个教学视频即可解决问题。好比专业的摄影师，怎么样摆弄照相机不是重点，重点是如何培养发现美的眼睛。

同样的目标可以使用不同的策略，同样的策略也可以服务于不同的目标。勒庞的三段论，传播谣言者使用，传播真理的人照样可以使用。宣传好的产品可以，宣传假冒伪劣照样使用这个原理。技术和工具不能解决道德和价值的问题，这是完全不同的维度。所有妄图通过技术手段、策略解决道德和价值的尝试都注定会失败。

策略选择的时候，会牵涉营销伦理。

像优步这样的公司，并没有创造新价值，而是在重构关系，瓜分价值。资本已经强大到足以无视法律和公平的地步，谁守法、谁倒霉，这是关于营销伦理的悖论。违背营销伦理、炒作，破坏社会道德良序，或者依靠低俗手段，（比如为了推广自己的APP，竟然去偷割高校的洗衣机电缆案例）这取决于创业者自己的价值判断。但可以肯定的是，消费者不是傻子，蒙混一时，未必蒙混一世。

聚　焦

初创型企业，包括中小企业，资源一般都是匮乏的。（就算创业初期有幸拿到部分投资，其资源也是不足的）。遗憾的是，为数不多的资源还经常被浪费。产品设计、技术研发，团队建设、市场推广——每一个节点上，浪费都是惊人的。对于创业者而言，统筹兼顾是很困难的。这就需要创业者高度聚焦。

聚焦意味着把有限的资源（包括资金、人力资源、时间、交通运输、材料、创意等）投放到符合公司战略目标的部分。

聚焦可以采用 GPA 的思考方式。

G-Goal 目标

P-Priority 优先级

A-Alternatives 可选方案

GPA 是香港科技大学王嘉陵教授《决策思维》中倡导的方法，可以帮助创业者分清轻重缓急。

在所有的目标中，要把资源投放在那些优先级最高的目标中，并且要按照时间节奏来投放资源。

营销工作的最高级目标在客户，为了通达客户，有N种可选方案，创业者要选择最经济的路径通达目标，策略是工具箱。客户也要分优先级。初创型企业都容易犯一个错误，短期目标往往都过于庞大，而长期目标又过于渺小。这不仅是管理的挑战，更是心理的挑战。

聚焦意味着选择性放弃。

战略本质上也是这个意思。（这一点要感谢我们的导师罗伯特斯威博士，他是德鲁克的弟子、美国科度集团总裁、3M公司全球战略顾问。我在他老人家的资料上看到这句话：战略意味着放弃。）每种市场对新入者都有假象，随着对市场的深入了解，有些假象会消失，有些甚至会造成更大的误解。放弃不可能的商业机会，或者放弃假象，心理上有割肉般的疼痛。和股票市场买涨不买跌一样。很多人即使市场环境变了，也执着于假象，这样的人注定是要失败的。

聚焦也意味着不可以过度投入资源。仅有一只大雁，准备一箱子弹就是巨大的浪费。比充足子弹更重要的，是充分提高射击水平，争取一枪命中目标。更不能意气用事，一箱子弹的价格已经远超一只大雁的价格，这样的买卖不做也罢。创业者必须应对随时变换的市场环境，这需要缜密的思考以及正确的策略选择，而不能靠运气。

成功者一定有运气，但仅有运气是绝对不够的。只有高超射击水平的枪手，好运气才时常相伴。

第 三 章

新产品形成
与推广的心理学

差异化及其形成原理

本章开始，我们着手阐述更多贴近于工具的东西，这些都是零散分布于各个领域的珍珠。只不过，我们把它穿起来而已。读者如果有时间，可以参阅本文中提到的书籍。

今天随便走进一家超市，出现在我们面前的通常都是一排排的相同或者类似的产品。

面对琳琅满目的同类产品，不要说普通消费者就是专业人士也很难下手。这种情况在互联网中更是如此，随便点开一个电商平台，铺天盖地的同质产品。照片也好、视频也好，就像韩国的人造美女都是一个模子。在一堆同质产品中脱颖而出是极其困难的事情，无论对营销人员还是消费者，营销者身心疲惫，消费者也会患上多样性选择压迫症。

红海市场上营销人员声嘶力竭，但往往收效甚微。各种理论争奇斗艳，定位、切割、社群、O2O、分享经济、传统营销 4P、改良版的新 4P、新 4C、新 4R 等。如果不看资料，坦诚的讲谁都搞不清楚。

2B 领域的竞争似乎比 2C 少一些。至少从统计数据上来看是这样。那么在 2B 领域脱颖而出容易吗？事物是一体两面的。2B 领域市场不像 2C 领域市场那样热闹，竞争者相对较少，这点来说是容易些。但 2B 领域行业一般有壁垒，外行很难进去。这点来讲，2B 领域突出反而更难。创业者都清楚得很，无论哪个领域，最终赢得胜利都是不容易的。现在要探讨的是什么原因让一家公司或某种产品脱颖而出，而同样的产品却会销声匿迹。

首先来看一个心理学上的实验——《双盲测试》。

假设有同等价位、类似口味的三种不同牌子的啤酒 A、B、C。现在找几位品酒专家（专业人士）来接受测试。

第一轮：把 A、B、C 三种牌子的啤酒的外部包装全部撕掉（或者用三个不透明的玻璃瓶子装起来），请几位品酒专家来区分他们所喝的啤酒到底是哪个牌子的？

感兴趣的读者朋友自己也可以尝试一下，（注意样本的选择，同类型的、同价位的、品质差不多的，否则样本选择就没有了参考意义。）大家可以猜测，人的舌头到底有多大的能力能品尝出差异？

第一轮答案：实验结果，差错率 95%。（当没有了参照系，仅仅凭舌头连品酒专家也难以区分出同质产品的差异）

第二轮测试，打乱外包装与酒的对应关系，比如把

B 酒装在 C 的瓶子里。在双盲条件下再请品酒专家品尝然后分辨喝的是哪个牌子的啤酒，有什么差异？

第二轮答案：差错率 100%。结果让人震惊，没有一个人，没有一次能够分辨出他们喝的是哪个牌子的啤酒。

类似的实验，在其他领域同样成立。

这个实验证实了人类感觉的局限性，更反映出一个深层次的哲学观，那就是我们所感知的世界，其实是你想象的世界。当你认为喝的啤酒是 A 时，舌头给你传递的就是 A 品牌的信息，你认为是 B 品牌，舌头传递的就是 B 的信息。不管这种转换有多复杂，包含多少化学信息，你的味觉其实是你大脑的表象。

哲学探讨超出本书的范围，但还是多说几句。佛法讲心即世界，这是真理。每个商业上的成功，都不过是天才人物自己看到了不一样的世界，同时有能力让别人也跟随他看到的结果。比尔·盖茨如此，乔布斯如此，马云也如此，世界上一切开拓性的成功者都是如此。我们都活在从古到今那些伟大人物的心相图中，并且不断在原有的心相图上加上自己的胡思乱想。所有的心相图加在一起构成了我们的文明。

从心理学谈起虽然不好理解，还是要比讲碎片化营销知识容易些。脱颖而出的其实不是产品，而是产品所带来的消费者心智改变。生物本能决定人饿了就要吃饭，哺乳动物并没有固定的进食时间，而是逮到什么吃什么。

但人类"文明"的结果却是一天吃三顿饭。还有一堆专家用尽各种方法论证定时吃饭的好处。穿衣服本来也仅仅因为保暖需要，今天已演化成极为复杂的文化。科学领域本来应该有统一标尺，但两个科学家用不同的语言描述同一件事会使人觉得是两个系统。

背景是红色，绿色就特别显眼；大家都向一个方向跑，跑得最快和跑得最慢，结局都可以很另类。商业规则通常回馈同一方向中跑得最快的人，但那个落在最后的人如果有能力把人群喊过来告诉他们方向错了，也使他们相信方向错了，那落后者就会变成先进者。所以，营销的差异化更多的是如何创造出更多的假象。比竞争对手跑快可以，跑得慢也未必不行。第一名固然可喜，倒数第一也未必失败。同等质量条件下价格便宜，价格超级贵都能成功，关键在于你的心相图能让多少人相信。相信的人越多，你越成功。

最惨的是人云亦云的人，永远没有他们什么事，因为他们只能做背景。寻找差异化就是创造不同的心相图。

人性是丰富多元而复杂的，光明、积极、正向、阳光、爱、贪婪、丑陋、隐私、暴力、发泄、仇恨、好奇、懒惰、特殊……每一个属性都可以成为营销的突破口，也可能成为营销的爆点。

好在营销专家已经为我们准备好了创造爆点的工具，那就是《水平营销》一书。

《水平营销》与信息交合论

　　《水平营销》是营销大师科特勒的又一经典著作，中文版于 10 年前就已经出版。我相信很多互联网牛人一定没有读过该书，否则绝不会搞出"羊毛出在猪身上"的闹剧。很多相互连接的营销实践这本书中都有阐述，对该书我们只做简要介绍，相应的细节请读者自己去阅读。

　　《水平营销》要解决的主要是在不同元素之间如何连接从而创造出新的营销爆点的问题。

　　建立新的链接，通常有三个基本步骤：

　　1. 选择一个焦点；

　　2. 横向置换，产生刺激；

　　3. 连接。

　　举例说明，花非常美丽但是会凋谢，能不能创造出不凋谢的花呢？把花的属性——凋谢用其他的属性"不凋谢"置换连接，就产生了一个新的品种或者市场，如塑胶花。书是用来读的，那么能不能有不用来读的书呢？

把"读"这个属性置换成"不读"，就可以创造出新的市场——装饰用书，逻辑结构就是这样。

不同的属性之间置换连接就可以构成新的商业形态，这是非常具有挑战性的创造规律。很多互联网的营销案例，比如最有名的："羊毛出在猪身上，狗买单"，不外乎是把不同领域的商业元素串在一起，各得其所。从营销学上来说一点也不新鲜。

《水平营销》可以理解为一种营销创新的工具或者思维方式，尤其是对于消费品市场的营销具有极强的指导意义，建议朋友们去读原著。

《水平营销》的理论一点也不难理解，难的是如何应用。

社会上散落着各种各样的资源，虽然所有权是别人的，但并不妨碍某些情况下就某个节点和自己发生联系。我们就经常利用这个原理来节约成本，提高市场影响力。高瞻智囊公司是一家小公司，一直都没有培训教室。自己花钱装修一间或者买一间教室对我们而言都是非常奢侈或者不可能实现的事情，而工作又需要教室，那怎么办呢？这时候我们就利用水平营销解决这个问题。

深圳市南山区有大大小小的孵化器上千家，这些孵化器都是一些装修豪华、显得高大上的地方。他们为了吸引创业伙伴入驻，希望能够通过某个热点话题吸引更多的人过来。创业背景下的营销话题天生就是热点，作为专业的营销生态建设专家，我们从不缺课题、也不缺顾问。双方在这个点上找到了共鸣。我们提供顾问，孵化器提供场地，还有一些第三方、第四方提供奖品、赞助礼品，同时也为新闻媒体提供了素材。不同的公司通过一个热点汇集到一起，变成一种新的营销行为，对所有相关利益方都有好处。利用这个方法，从 2015 年年底开始，高瞻智囊公司和深圳市众多知名的孵化器结成了战略合作单位关系。在营销领域，每次活动的参与人数、关注度以及影响力都是第一名，而营销成本是 0，有时候还小有收益。因为有人给我们提供赞助甚至小量的资金。

《水平营销》的方法和 20 年前的一个已经被淹没的人有点类似，这个人就是许国泰以及他创立的《信息交合论》。

信息交合论是许国泰先生在 20 年前创立的关于创新的方法，遗憾的是，后来被淹没了，信息交合论可以解决创意批量化生产的问题。

例如：一个回形针，能够有多少种用途？

在所有关于创业思维的训练中，信息交合论最有价值。如果让我们开动大脑，充其量说出个几百种用途，就已经不得了，事实上通过信息交合论，可以瞬间写出不下 20000 种应用。应用如下：

许国泰先生用"钩、挂、别、联"四个字概括大家提出的各种用途，使思维突破格局，接着他把回形针的总体信息分解成重量、体积、长度、截面、弹性、直线、银白色等 10 个要素，再把这些要素用标线连起来，形成一根信息标。然后，再把与曲别针有关的人类实践活动进行要素分解，连成信息标，最后形成信息反应场。将信息反应场的坐标不停地组织交合，就可以找到回形针一种又一种人们意想不到的用途。如：把回形针分别做成 1、2、3、4、5、6、7、8、9、0，再做成 +、-、×、÷ 的符号，用来进行四则运算，运算出数量，就有 1000 万、1 万万……回形针在音乐上可创作曲谱。回形针还可做成英、俄、希腊等外文字母，用来进行拼读。回形针可以与硫酸反应产生氢气，可以用回形针做指南针，回形针中含有铁，以不同比例与其他单质混合，组成的合金可达成上千万种。

　　利用信息交合论，进行突破性的市场策划，很容易形成引爆点。

如：利用信息交合论，开拓图书馆市场。

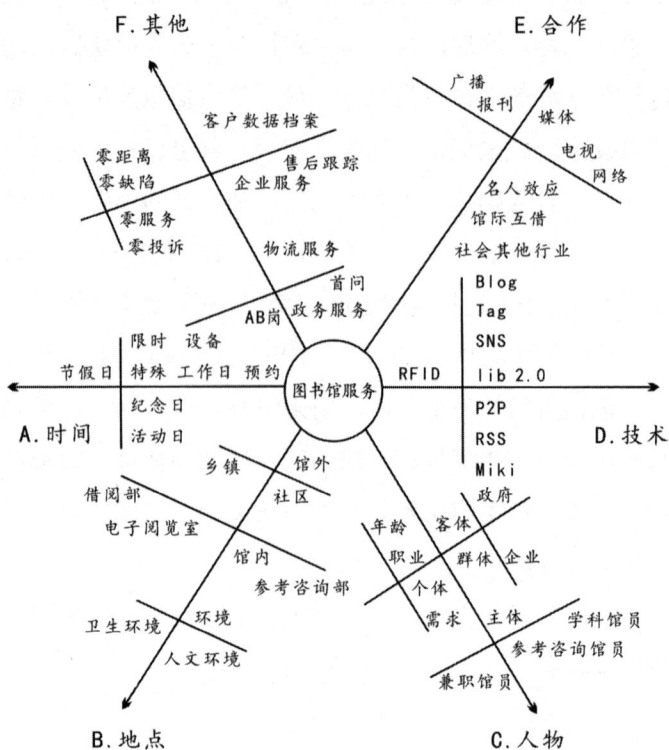

社会阶层与产品定位

　　产品的形成以及市场推广中，心理学法则是营销者必须遵守的基本法则。高明的营销者可以列为天生的心理学家。心理学是关于人性的学问，对人性理解得越深、越精准，商业就越成功。这个原理适用于一切和人性有关的行为，不仅是商业。

　　产品及市场的差异化，本质上也是营销者对于自我心相图的认证过程。如果竞争发生在同一社会阶层的同业者之间，那么竞争比较的是细节差异。如果竞争发生在不同社会阶层的同业者之间，竞争的就是思维模式以及资源调配方式。这种差异一直存在，却很少被提起，因为话题过于敏感。

　　本书不讨论政治问题，也不关心社会阶级变迁，我们仅从商业的角度，来分析这些存在但极少被提及的隐性信息。这会对创业者和中小企业起到巨大的帮助。

　　不妨来看一个虚拟的场景。

在手机产业如火如荼的时候，不同层级的同业者是如何玩同样的商业游戏呢？

1. 袁总，是手机配件领域的资深创业者，在此领域浸入多年，和手机领域的设计公司，关系非常好，其业务模式基本是在三线产品中通过关系获得一些订单。

2. 李总，是手机流通领域的资深人士，在华强北曾经非常低调和辉煌，从事手机配件，完全靠走量，一年也曾经接近过 10 亿的流水。

3. 张总，拥有 MBA 双学位，属于官二代。投资了一家手机触摸屏厂，然后找到顾问公司，把它包装一下，转手卖给上市公司，获得 10 倍的市盈率。

当然，无论是袁总、李总，还是张总，都是作者虚构的，但这样的老板在深圳人数众多。极少有人关注这些同业者，为什么会采用完全不同的模式，来从事同样的手机领域。包括专家在内的大部分人都会说，这是产业链的地位决定的，但更加深层次的原因却是社会阶层。

袁总是典型的白领阶层，专业人士，无论他受的教育以及社会阶层都是典型的中产阶级派头。真相也是如此，名字是虚构的，人物原型却真实来源于中产阶级。他们仅有少部分的资源，靠着专业和资历，可以获得一些有别于其他人的优势，但当行业对资源的要求超过他们能够承担的范围时，他们就会选择放弃。

李总是典型的来自于社会下层的创业者，他们赚的完全是辛苦钱。一个元器件可以精确到几厘钱，虽然流水很大，实际压根不赚钱。不是他没有更大的梦想，而是他的教育背景、文化基础以及资源调配能力仅仅在这个层级。政府的随便一个政策（比如打击山寨品），就会使他风吹雾散。

而张总这个来自于社会上层的创业者，却完全是资本与资源的思维方式，更重要的是，他也有能力调动资源。通过资本以及强大的社会背景，他可以轻松获取超过10倍以上的回馈。

不同社会层级的创业者，心理模式完全不同。

穿着破旧的人戴一块奢侈品手表（无论是江诗丹顿，或者百达翡丽都可以），将会发生什么情况？马克·吐温曾编写过《百万英镑》，社会比小说要精彩得多。他也许会被抢劫，会被当作小偷，当然也可能被别人看成假货。无论哪种结果，都是人性。每人都受到环境以及过往经历的影响，没有一个可以逃脱。不同层级有不同解读，不同的反馈。这里有大量隐藏信息。商业就建立在这种隐藏信息之上，敏感的人很快会意识到，而不敏感的人则熟视无睹。

人类社会有很多共性。但差异性却是文化的特征。举个例子，最平常的食物——土豆，不同阶层，吃法完全不同。没有人分得清土豆是哪块土地里长出来的，乞丐和贵族吃的也许是同一块地里的果实，但把土豆送到嘴里的道路却因为文化、教育、阶层、美学以及金钱等的差异而千差万别。农家用大铁锅煮了就可以食用，而贵族则会用最好的调料，最优质的厨师，以及最精美的碟子变成宴会的一道菜。不同的层级还不一定都叫它土豆。

创业者或者专业的营销人员必须通达人性。从事时尚品的公司，至少领导人是真正的时尚者，从事奢侈品，团队中必须有真正的贵族。

没有对客户的精准把握，很难搞出什么优质的产品。富裕起来的社会，大量增加的个性要求。预示着社会阶层的巨大变迁，尤其是近1亿人口进入中产阶级，必将引发消费的升级以及对产品质量的高要求。多品种、小批量、个性化正成为新常态，不管什么公司都必须重新思考产品属性及社会阶层变迁。以后的商业机会更多来自于对某阶层人群的深度挖掘。

理解社会阶层与产品的关系，并不容易，能够参考的书目非常少，大学教育也属于禁区。保罗·福塞尔先生出版过一本让美国人汗流浃背的书《格调》，他通过文化的描述而不是阶级分析，冷酷地指出了人们通常不关注的隐藏信息，这些信息足以让人脊背发冷。我们一直把该书列为营销人员的必读书目。遗憾的是，中国至今尚无此类可以参考的资料。

为何在一本关于营销的书中谈论这个敏感的话题？

原因在于，只有通过隐形信息，才可能帮助创业者清楚失败的根源。我们公司楼下有一家快餐厅，作为顾客，我经常发现服务员、餐厅经理用赤贫阶层的语言（含肢体语言）来服务顾客。比如：服务员经常把钱和食物混在一起，从已经打好的食物上给顾客找钱。经常跟顾客吵架，当顾客要求多加一些米饭或者菜的时候，服务员通常都会表现出不耐烦或者极不情愿的表情。除非非常敏感的人，一般都不会注意这些细节。这些细节决定了这家快餐厅很难走向品牌。这些细节，也是管理层自我定位的结果。我不止一次问过服务员，他们一致回答：都是老板要求的。餐厅老板不知道的是，在这里就餐的顾客大部分属于知识工作者，从社会分层上来说，属于白领，他们更关注细节。

改变上述意识是很难的，有人指出来也没有用。习惯的思维方式、习惯的行为方式、习惯的人际交往方式、习惯的危机处理方式。习惯已经深入骨髓，这些习惯虽然通过培训可以部分克服，但根深蒂固的文化影响却伴随终身。这是创业者更难逾越的鸿沟。不仅决定着方向，决定着资源的配置。

营销中，处理相关的商业关系是非常棘手的问题，有人为了达到目标，不惜违背营销伦理，甚至违法。我见过许多来自于下层社会的业务员，固执地认为只要用钱就可以搞定客户，把商业关系简单地等同于受贿，但实际上，对销售来说，成功因素中，金钱仅排在第六位。商业关系建构中，营销者本身的社会资源起着重要的作用，有时候甚至是决定性的。这方面属于研究的禁区。网文《寒门再难出贵子》可以作为借鉴。

不同社会阶层的人，由于教育文化的影响，对同一事物的判断迥然不同。

社会文化的阶层分级，也是巨大的商业机会，包括学者在内对此都很少关注。有文化切合点的群体，一般也有同样的心理学背景和文化同源性，此间可以挖掘出巨大的商机。比如：一位商人造出给佛教徒的专用手表，遍布佛教的符号。在同修的师兄师姐中靠口碑一年卖出上万块，每枚售价1万，仅此一项营业额就过亿。基于对明星的崇拜，在产品外形上，加上明星的头像或者作为代言，对于粉丝群体都有溢价的空间。互联网条件下，不同文化群体之间的裂痕有呈现扩大的趋势，在一个圈子里已经铺天盖地的信息，对于另一个圈子却没有一丝风起。

新产品形成的功能定义

营销是价值创造与传递的过程，而价值本身永远是一个变量。无论是新成立的公司还是老牌的商业机构，产品永远都面临着更新换代的压力，专业术语叫产品生命周期。不同产品的生命周期是完全不同的。有的产品周期可能绵延几千年，经久不衰，但另一些产品，生命周期也许只有几周。不同的产品生命周期，对于商业的挑战是不同的。有的似乎可以慢慢悠悠、精雕细琢，而有的则永远不停地处于竞争和更迭中。

分析产品生命周期并不难，仅凭观察都可以确定。中国人吃的馒头几千年都是老样子，它的生命周期至少还可以延续几千年。但如果是通信类电子产品，也许去年的手机今年降价都卖不动。以计算机为例，我最早接触的电脑是 80486 的处理器。这种电脑今天只能在历史博物馆里才找得到，而这不过短短的二十年。另一方面，姑娘们的流行服饰几十年却可以再轮回一次。

工业革命以来，被淘汰的人工制品不计其数。有的因为技术的革命，有的仅仅是因为潮流。人类不停地追求更新、更快、更奇特、更便捷或者更守旧、更复杂。每一种人类的本性都可以演化出巨大的商业市场。当然也有一些产品几百年来都变化不大，成为经典。

我们要探究到底是什么原因造成了这样的局面？一个企业选择几十年都不会淘汰的产品，就可能精雕细琢，甚至传给子孙后代。而如果选择时刻追逐潮流的商业，则意味着永远的奔跑。

所有的秘密在于：功能，也就是产品到底要满足什么样的商业需求？如果需要满足的需求是恒定的、周而复始的，那么这个功能要求变化不大，产品也不会有太大的变化。比如食物，让人类填饱肚子的功能，再过几千年还是老样子。即使加上点花样，食物还是食物，区别不大，无非是干净、可口、营养等，人类进入文明社会以后都这个要求，几乎没有改过。但如果满足人类基于快、便捷的通讯需求，情况就完全不同了。因为"快"是相对的感受，老旧的机器总会让人厌烦，新一代机器总是功能强大。今天最普通的智能手机或 PC，性能都超过当年阿波罗登月计划所使用计算机性能的几千倍。但消费者根本不领情，去年的电子产品即使降价也少有人问津，虽然 90% 以上的功能完全是无用和多余的。

技术人员会过分醉心于技术本身，对于商业而言，喜忧参半，因为技术必须转换为客户需求，才能构成商业。从功能的定义出发，能满足同样功能的就会成为替代品。价格比原产品便宜就会形成商业革命。典型案例如手机，已经成为以下产品的代替品：MP3、视频播放器、录影机、录音机、照相机、导航设备、阅读器、计算器、手表和游戏机等。一部手机把以上的功能都囊括在内，很显然，这已经是商业革命。或许某一天地上跑的汽车会被点到点的飞行器所替代，人类就会像鸟儿一样在天空中飞来飞去。新的商业革命就会来临。另一方面，就算是人类会飞了，我们还得吃食物。馒头也许还是馒头。

创业者要学会从功能角度看待产品，而非技术角度看自己。尤其是技术出身的创业者。摩托罗拉曾为此交过沉重的学费。"铱星计划"就是工程师思维的结果。前车之鉴，未必让后来者吸取教训、引以为戒。因为记忆不会遗传。我们需要清晰的逻辑，从功能而非技术方向来定义产品。

回到关于"客户需求"的定义，"欲望"和"需要"都不能构成商业。必须有人愿意为需要付费，才会构成商业。消费者通常不关心技术，他们只关心技术能够带来的满足。假设从 A 点到 B 点，只要安全、高效、低成本，在地上跑还是天上飞对消费者而言都是一样的。本来没有太多关系的飞机和汽车此时就会产生竞争性。微型飞行器一旦解决了安全性、操作性、低成本问题，对汽车的革命就会到来。

创造突破性产品

就我自己的职业生涯，至今还鲜见有企业把产品经理纳入营销部门的管理。从营销本质来说，价值创造远比价值传递重要。更多的人抱怨市场，很少人真正思考过市场不接受的原因。我无数次听到老板的抱怨："我们的产品很好，客户就是不接受"；"我的市场总监能力太差，这么好的产品都推不出去！"

你的产品真的好吗？

好产品，是一个和技术有交集但侧重点又完全不同的概念。遗憾的是，大部分人并不清楚什么是好产品。我们来看看前面提到的"铱星计划"。当年摩托罗拉的工程师们热衷于顶级的技术，耗费巨资向太空发射 46 颗地球同步卫星，来满足"打遍天涯海角"的承诺。这个项目一开始就是错误的。大部分人一辈子都不会去天涯海角打电话，这其实是个伪需求。高射炮打蚊子的事情不仅技术人员，很多老板也喜欢做，但却违背了基本的商

111

业逻辑。奢侈品一定是小众的，技术必须考虑社会的支付能力。好的商品必须在技术、社会、心理学、支付能力之间寻找到一个平衡，过于突出或者偏离目标的商业都会被淘汰。

任何好产品都必须符合基本逻辑结构。在对的时间（社会发展阶段、技术路径以及经济要求），以合理的价格和社会期望与客户见面，或早或晚都会导致产品夭折。这种看似运气的背后蕴藏着极为复杂的逻辑，就是如何生逢其时。如果小米不是正好弥补了苹果上市后国产手机的空缺，一定不会形成某种势能。恰当的时机还须有与此适应的技术、价格区间。这些有时候是当事人的自我选择，有时候完全是误打误撞的幸运。（如果刚上市的小米手机比苹果手机还贵，也许就没有小米了）

创造突破性产品可以使用 SET 模型（参考《创造突破性产品》），SET 模型（S 是社会，E 是经济，T 是技术的缩写。意味着一个产品必须同时具备多种属性，在社会心理上，大众可以接受；定价上，符合商业预期在技术上成本可控）是所有创业者设计产品时必须遵守的逻辑。

这个模型要真正落地非常不容易，由于原有教育、文化等的影响以及对于未来社会的变迁、心理期望等，不同的人认知完全不同。创业者不仅要考虑当下的社会状况，还要做某种预测，这个难度和大神算命一样，但不能不去做。凡事预则立，不预则废，有觉察总比浑浑噩噩强。创业者需要广泛而深入地了解各类资讯，有自己的哲学观、商业观，以及某种敏感性。这需要长期修炼。误打误撞的幸运儿成功后吹嘘自己的事情很多，只能当作故事听。

老产品的改良与升级

在名人传记中经常听到以下故事：刚开始看起来不起眼的产品出乎预料的畅销，扭转了公司的局面。持久的坚持终于有了回报，但事实是这样吗？

如果说过去的时代，营销多多少少还依靠经验，那么未来的挑战是营销越来越像科学。营销正变得越来越数字化、数学化。这个变化过程让很多老营销员感到极不适应。聊以慰藉的是营销中与人打交道的规则生命力依然旺盛。公司能够活下来，是因为曾经做对了事情。问题在于，一家公司是否能够持续的对下去。这是营销者时刻不能忘记的任务：对原有产品的升级与改良。

营销者必须回答这个问题：产品如何跟上潮流？

路易威登刚创立时的客户都是王族，几百年之后，客户还是有钱人。如果你是奢侈品的提供者，该如何定义"奢侈"？继续几百年的风格、款式、质量还是随着时代的变迁继续体现某种符号的象征？几百年中，"尊贵"

这个词一直在演化。路易十四的年代，夸张的表情、穷奢极欲的浮华以及金碧辉煌的原料就是"尊贵"，但在21世纪的今天，自然、环保、符合某种道义的要求、高科技才意味着"尊贵"。产品、技术、原材料、工艺、流程、包装、美学等都仅是某种"元素"，体现出的符号价值却基业长青。

这就是产品演化的基本原则。企业不仅要关注技术、材料、工艺、流程、包装，美学等，更重要的是关注产品要体现的某种价值。这种价值和时代的心理紧密相连。如果体现的价值是"时尚"。企业必须提供与历史进程相适应的"时尚"，20世纪60年代的时尚是三大件，而21世纪的时尚也许是比基尼。至于材料、包装、美学、技术等仅是"时尚"的工具。技术永远不能脱离时代，商业中的技术，还受制于上下游的产业链，处于链条某一环的技术，只要不符合客户的期望，即使先进如外星人，上下游也一定会把他当作垃圾清理掉。

这是永远没有尽头的挑战。今天的"时尚"，没多久就会变得老旧，使用价值并没有任何变化，但顾客已经用脚投票。今天使用老旧的计算机，和使用最先进的计算机编写程序，结果没有什么不同。但如果公司给员工配置老古董，估计连一个普通的程序员也招不到。无疑这会造成浪费，既然老旧的机器和新机器可以实现同样的功能，为什么一定要配置高端的机器呢？这个挑战更应从心理层面去解决。（如何减少这种浪费，从而降低成本，这是精益管理的基础，其中一部分就是谈价值，后面的章节将会阐述。）作为营销者，必须从心理层面上让顾客感受到与时代，以及兜里的钞票相吻合的"高端"。这个"高端"最早是80486，然后是奔腾，现在是第七代酷睿。

换个角度理解客户

"创造顾客"是德鲁克先生给所有企业家的忠告。事实上把这个原则在企业落地非常困难。（包括德鲁克先生本人，也并未给出如何落地的处方。斯威博士把他称为：德鲁克缺口 Druck Gap）

为什么技术不能代替创造顾客？

从文化的角度看，我们会发现"商业"是人类所有行为中最让人迷惑的。人类一直在歌颂文明，但事实上我们的文明一点都不"文明"。但商业却不是这样，无论是千年的丝绸之路还是今天的跨国大宗贸易，人们都在用自己的东西去交换别人的东西。是否换得成，不仅取决于我们，更取决于对方是否愿意交换以及交换得是否开心。最初物物交换，现在大家用东西换钱。随着能够提供的物品越来越丰富，换与不换的权利越来越向买方倾斜。商人们必须学会用"讨好"的方式与买家交易。

"试图讨好对方"，想尽一切办法去讨好，这个行为是人类物种演化中从来没有过的。换一个位置看待自己和别人，用对方可以理解的方式，以讨好的方式，完成交换。不再用刀与剑来沟通，对于人类而言，这实在是伟大的进步。

换个角度，世界完全不同。

对营销人员而言，"换个角度"是最基本的专业训练。

对于企业来说，无论多厉害的技术、研发，除非把它卖出去，否则都是投资。是客户拥有"交易的权利"而不是你，这个权利严重的不对等，假如客户选择用脚投票，即使世界顶级的公司也会瞬间土崩瓦解。因此营销者必须以对方的角度去理解，客户到底是如何想的？他到底要什么？他怎么样才愿意和我交易？该如何"勾引"他。对人类这种自以为是、以自我为中心的物种，"换个角度"有时比说谎更难。所以成功的营销者向来都是小概率事件。但还是有伟大的先行者做到了，他们是营销历史上的英雄。

杜宾销售法

杜宾先生不是什么大人物。这个 20 世纪 60 年代的普通业务员，却误打误撞地造成了营销史上的重大革命。事情是这样的：杜宾生活在美国的一个小城市，从事着最无聊的工作——广告公司业务员。这个竞争激烈的行业，成功者未必能过上上等人的生活，失败者活下去也不易。杜宾先生属于无限接近的失败者。他打电话给一个上市公司的董事长推销他的广告，上帝开恩，董事长愿意见他，但是要等几天并且只给他不到 1 个小时的时间。

等待的时间对杜宾先生来说非常煎熬，他压根不知道该如何面对未知的挑战，脑海中不断地出现自己会像条狗一样被赶出来的样子。恐惧和焦虑让他几乎发疯，但看着嗷嗷待哺的孩子以及太太，他必须硬着头皮去做这份自己不能胜任的工作。也许老天开恩，也许灵光一闪，这个年轻的业务员突然想到："既然我去找他，他会把我赶出来，那么他到底会想什么才不把我赶出来呢？换个角度如果是我作为董事长，我为什么要把一个来拜访我的业务员赶出去呢？"

这个主意把他折腾得吃不下、睡不着。他决定自己扮演一回伟大的董事长，把家里的桌子板凳尽可能的伪装得富丽堂皇，依照电视上能够看到的形象，尽量把自己打扮成一个成功人士的样子。所有的扮演既荒唐又可笑，但杜宾先生没有停止，因为根本没有人理他。最终的焦点放在了董事长会问什么问题上，"杜宾董事长"给可怜的"杜宾业务员"开出了10条考试题目，每一条都足够霸气、足够直截了当。杜宾先生把它写在一张纸上，就这样去拜访他的客户了。

一切都如他所预料的，不到10分钟，可怜的杜宾先生就已经和董事长大眼瞪小眼了。这种拙劣的业务员到处都是，董事长已经打算要送客了。这时候，杜宾先生哆哆嗦嗦地摸出了那张写满问题的纸。董事长先生静静地看着这个可怜虫。杜宾先生终于鼓起勇气说："董事长先生，我实在不知道该跟您说什么了！为了和您见面，我在家里扮演了您几天，还装模作样地想着如果我是您会如何问我问题。可是到您面前我什么都忘掉了，我只好把写满问题的纸拿出来，实在对不起。"

董事长先生被这个出乎意料的故事吸引住了。他盯着杜宾先生说："是吗？你来之前，我还真的在纸上写了要问你的问题呢。"杜宾先生更加紧张了！董事长接着说：

"这样吧杜宾先生，你把你写的问题给我看看，我也把要问你的问题给你看一下，怎么样？"

两个男人像找错别字的小孩子，对着两张纸开始一条条的对照。奇迹出现了，杜宾先生的问题和董事长先生的问题竟然有70%是完全一致的。两个人哈哈大笑，杜宾先生也做成了这张改变他命运的订单。这就是营销历史上著名的"杜宾销售法"。

杜宾销售法并不复杂，也很容易理解，归纳起来就四个字"设身处地"。设身处地地改变角色去看自己的客户，某种程度上意味着一种近乎修行的转变，这种转变会让客户感到亲切、熟悉乃至于震惊。伟大的产品通常都是技术与人性的完美结合。

很多伟大公司的创始人通常都是伟大的心理学家或者某种带有修行味道的勇士。他们有一种近乎直觉的能力，能把自己对人性的了悟通过技术手段传递给广大的人群，松下幸之助、乔布斯、乔致庸、王永庆、李嘉诚等都是这样的人物。

形成定势

作为公司的创始人不仅要站在客户的角度看待问题，更要把这种能力贯穿商业的始终，不仅在外部，还要在内部。这件事情的难度和让顾客相信自己的难度不分伯仲。

不管哪种类型的顾客，大部分需求的满足并不需要指向特定的对象。例如，午餐是去 A 还是 B，其实无关大局，但不管去哪个都有一个前提，就是对提供服务和商品的卖家有基本信任。彩色的图片或者特殊的广告语都可以传递某种信息。菜也许难吃，但服务员漂亮些也足够吸引人。错综复杂的因素纠缠在一起构成某种定势，对于相同文化背景的人具有强烈的影响。就像海外的华人，见到中国字都感到亲切。

客户购买的理由虽然千差万别，但所有的因素中，总有一些关键的因素在影响客户。这种定势传递给客户断言式的信息："这是什么？或者要干什么？"

卡尼曼把人的思维方式分成系统 1 与系统 2（参阅其著作《思考，快与慢》）系统 1 是直觉的，没有逻辑的，潜意识的；系统 2 是逻辑的，需要耗费脑力的，有深度的。虽然这个分类不是太科学，但足以说明问题。无论哪个领域的顾客，民众的主体都是系统 1 的，也就是凭着直觉、感觉做出判断的。

当"猪都可以飞"的断言被大众所接受的时候，很少有人（包括专家）站出来指出这个弱智的断言。正常情况下，三岁的小朋友都知道，无论何时何地，猪都不能飞。但当前面加了一个定语：风来的时候，就把这种断言像楔子一样，打进了大众的脑海。再加上雷布斯的背书，于是这个谣言就像流行病一样被重复、传染。最终使无数的年轻人更加投机，包括众多投资机构在内，整个社会为此至少付出万亿的代价。才证明一句谎言。

无论是传播谣言还是传播真理，其逻辑是一样的。都是利用群体心理学的基本结构：断言、重复、传染。这是勒庞 120 年前在《乌合之众》一书中的经典论述，遗憾的是，再过 120 年，也许人类还这样。

聪明的卖家或多或少都在利用这个结构。

今年过节不收礼，收礼还收脑白金；从来没有人真正拥有，你只不过替你的子孙保管而已；困了、累了喝红牛。这些耳熟能详的广告词都是利用群体心理形成有利于自己的断言。加上不停地重复，形成某种传染的势能。最终在一群人的心目中建立某种持久的印记，商业就依据这个原则而得以发扬。

第 四 章

初创型企业营销管理

营销需要管理

从本章开始，让我们把目光从远处拉回到创业者自身。这里有更大的挑战。

许多可敬的创业者埋头于自己的世界，有的甚至把房子都卖掉。这种精神值得赞美，但企业的生存却日渐艰辛。虽然营销的前提是创造价值，但创造价值并不意味着仅仅埋头做产品。为了能够体现价值，创业者还必须解决价值创新与价值传递中的组织管理问题，许多初次创业者对此一无所知。

营销管理本质上是一门严肃的科学。绝不是搞一场华丽的演讲或者找个网红吸引眼球。营销管理包括诸多项目，通常教科书目录中的条块，几乎在每一家公司都或多或少的存在，只是发展阶段与侧重点不同而已。

价值管理，是营销管理的前提。

所谓价值管理，就是企业要给社会提供什么的问题？价值有高低之分。并且随着时间变化。高价值的企业一定可以成功，价值不高或者压根没有价值，早晚会失败。价值是可以衡量的。学术上通常用让渡价值来衡量企业实际价值。

公式是：让渡价值＝客户总价值－客户总成本。

价值高低的评判权在客户，而非企业。好产品不是工程师喜欢的产品，不是自我欣赏的产品，而是有人愿意花钱买的产品，喜欢的客户越多，购买越持久则企业的价值越大。这就要求卖家要站在客户的角度思考他们到底要什么。

许多创业者会对自己的产品产生某种执着，这种执着更像某种自我肯定的偏执。这就很容易掉入自我欣赏的陷阱。（创业者应该执着的是对价值的追求以及创造顾客的热忱，而不是自我肯定。因为最好的肯定是客户愿意买单，这是亘古不变的标准 ）我经常遇到很多老板诉苦，说有很好的产品就是没有办法销售出去；自己的业务员、总监都不行，等等。这些抱怨未必有道理。也可能是自我欣赏的恶果。

先讲一下作者本人的故事。

2003 年，我在一家食品公司担任营销总监。公司位于上海，产品是水溶性膳食纤维。虽然名列第七大营养素，膳食纤维其实一点营养也谈不上。膳食纤维在生理上，更多的是用来帮助人体排泄。对人而言，拉和吃一样重要，这是不言而喻的。我曾经坐火车路过被洪水淹到末梢的安徽砀山梨园，那些落在地上的黄澄澄一片，已经腐烂的垃圾却是生产膳食纤维的绝佳原料。这个产品可以预防、降低三高及防止现代文明病，原材料能变废为宝，生产能带动就业，给社会带来巨大的价值。

当时的策略是这样：公司确立以全面普及为目标的营销方案。把产品以极低的价位推向市场。每600ml产品的售价是19.6元，给代理商的批发价是9.6元。而600ml这个量足够一个人补充食用15天。我的老板是参与过华山抢险的第四军医大学的高才生。他富有强烈的社会责任感。按照预测，这个产品一定会火，因为这么便宜的价位，这么好的产品，不火实在是没有道理。作为营销总监，说实在话，当时我是不合格的，我既不能提出什么反对的意见，也不能就老板的决定做任何努力。

事实很快证明了一切推演的荒谬，公司很快陷入入不敷出的境地。先是换办公室，然后从上海迁到北京，最后消失。十几年后，我才知道，在营销问题上，公司犯了什么错误。我们先来看看基本的营销策略选择。

市场的营销方案可以按照以下维度分类研究：

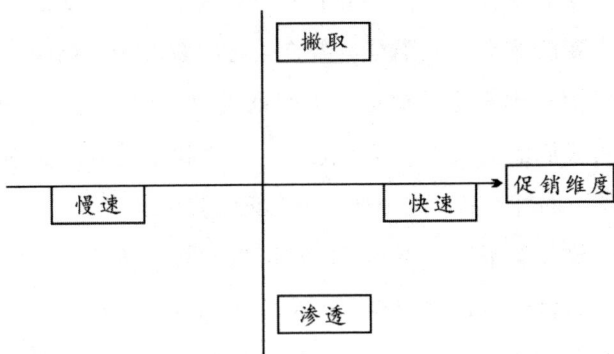

纵向是策略，横向是时间标尺，以此划分四个象限。

第一象限是快速撇取策略，意即采用高价位、高促销的方式获取市场，也就是高抛高走。适合有专业背景、需要市场教育的新产品。

第二象限是慢速撇取，意即高价位、低促销，这类策略适合专业性强、有壁垒但短时间内不宜大规模扩展的产品。

第三象限是慢速渗透，就是低价位、低促销，是依靠口碑自动带来客户的策略。

第四象限是快速渗透，也就是低价位、高促销，适合需要抢占市场的产品营销。

四种营销策略没有对错、优劣，关键是产品和定位以及企业的发展阶段，这是企业营销的基本价值管理。我们的"好产品"注定是短命的。为什么这样说？商业有商业的逻辑，一种几乎全新的产品，虽然对社会有非常重要的意义，但毕竟是需要教育的新市场，鸡肋一样的渠道管理策略使渠道、中间商没有任何动力去促销，最后我们的高大上产品变成了一种理论上的好产品而非市场上的好产品，这个教训至今记忆犹新。

价值看不见，摸不着，却可以被客户所感知。价值管理是营销管理的起点，也是价营销管理的终点。创业者不仅要考察技术、生产、加工，更应该把传递到顾客手中的所有环节放在一起深入思考，从而创造出市场认可的好产品而不是实验室或者工程师手中的玩具。

传统营销管理理论

  《营销管理》，这个曾经最热门的专业已经变成不好就业的专业，这多少是个讽刺。市场对营销人才的需求永远都是刚性的，但大学教育却很难给出满意的答卷。市场变化太快，理论总是滞后于现实的发展。教授不是企业家，他们也无法从市场中感受到时时刻刻的变化。

  要学习营销，我们还不得不回头去学那些也许已经落伍的教程与案例，这也是无奈之举。没有继承就没有发扬，而继承总是显得有些落伍。

  市面上有太多的营销学理论，绝大部分是大工业时代形成的舶来品，虽不乏本土理论，也基本以抄袭为主。比较著名的有营销4P、4C、4R、新4P、新4C、新4R、定位、切割等，这些理论各有千秋。作者无意做评论，大家可以从网上搜出来无穷无尽的说明。某某百科上经常会搜出自我吹嘘、胡编乱造的概念，请各位留意。

  每个人看世界的方式都是不同的，站在个人角度都有正确或者错误的一面。讲 4P 的专家或许并不想把产品、价格、渠道、促销简单等同于营销管理，但为了学生学习方便而来的简化就有可能被传播者异化。同样的特劳特先生也不一定同意认为"定位"就等于竞争业态的营销管理，但传播者未必有他那样清晰的认知。很多专家到底是因为传播理论的方便做出某些简化，还是想自我标榜，是很难搞清的。不管怎么样，对一个包罗万象的商业现象通过几条简化的理论就认为是真理肯定是很荒唐的。营销以及营销管理是发生在买方与卖方之间的行为、现象之和，有客户的，有自己的，又有相关利益方的。每一个点都需要管理，既管自己又管别人，既管看得见的部分，也要管不可见的部分。正是这种随机挑战才使营销充满魅力。

如图：

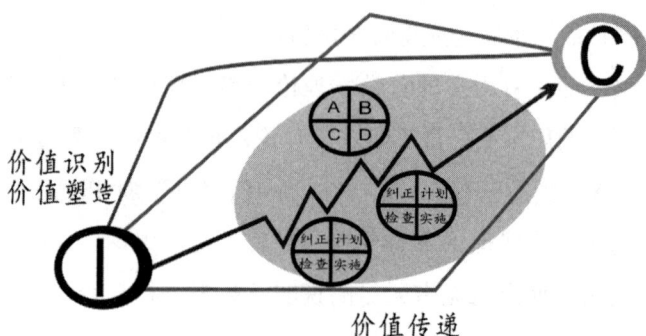

发生在从 I 到 C 的所有现象、行为都是营销管理的内容。

实践者要做的事情是在两点之间寻找适合自己的最佳路径。没有什么不可以使用，也没有什么一定要采用，关键在于投资回报率。最佳、最短、投入最少，产出最多，这就是精益。在精益系统中，没有传统与现代之分，而要从价值的角度来判断到底什么适合自己。

实践者还必须搞清楚各种营销管理理论适用的范围，用错营销理论是常见的事，从来没有一种理论可以解释所有的现象。至于到底在什么时间，采用何种理论，本书会略有介绍，这都需要读者独立思考。

初创型企业的营销管理

发生在买方与卖方之间的所有现象、行为之和，就是营销管理的全部。不管何种理论，营销管理都必须回答以下四个方面的问题：

1. 如何管理客户？

2. 如何管理商业机会？

3. 如何管理各类营销资源？（包括内外资源：如团队、激励、组织等）

4. 如何管理营销支持系统？（含供应链、品牌、市场活动等）

初创型企业，在营销管理中，务必要抓重心。

客户管理是对目标的管理，应该排在首位。愿意付费购买产品和服务的是客户，投资人在某些情况下也是客户（特殊的客户，他们购买的是成长性，是预期）。这是公司经营的起点与终点。用户不是营销管理的重点，因为用户带不来收益。用户是产品经理要关注的对象，不是营销经理关注的对象。

对初创企业来说，现金流极为重要。因此，更要注重客户。客户的分类方法非常多，有些分类未必适合初创型企业。公司刚启动的客户称为种子客户，（这个词包含对未来的巨大期望，也许就是一家伟大公司的开始。）种子客户的来源与创业者初期资源紧密相关。甚至与创业者有某些特殊关系。新饭店开张种子客户或许是故交旧友；新工厂种子客户不排除就是原母公司的业务体系。这叫杀熟。

杀熟对初创企业有积极意义。

新产品通常是幼稚的、不完美的。挑剔的消费者一定会拒绝接受，但故交旧友、熟悉的圈子却会因为私人关系予以包容、忍让，乃至提出各种意见和建议，甚至为成本付款。对于创业者而言精神的奖赏可能还大于物质。初创企业被陌生人（市场）信任，概率太低。尤其在 2B 市场，完全陌生的客户基本上会很难接受不成熟、不熟悉的产品或公司。IBM 购买比尔盖茨的不成熟软件，如果没有私人关系，是不可能的事情。

人生下来就不平等，企业也一样。初创型企业必须依据掌握的资源状况设计演化路径。杀熟可以获得最初动力，可以让公司获得较强的竞争优势。2B 领域尤其如此。关系良好的资源客户，一个订单就会让公司完全立于不败之地。和找到投资一样，有钱毕竟是硬道理。

依靠杀熟活下来，但公司不能老靠杀熟，企业必须学会应对陌生、挑剔的客户。客户越挑剔、企业的能力就提升越快，否则绝不可能长大。

客户管理就是目标管理，只有目标清晰，才有可能有的放矢。目标清晰是一个不断探索的过程，会耗费极大的精力，也会让创业者体验失败、挫折、迷惑乃至上当受骗。创业者必须努力提升自己的认知水平，保持冷静的头脑，独立思考。

目标不清是创业者经常遇到的挑战，尤其来自互联网的海量信息，已经使很多人头脑混乱。经常错把用户、数据、知名度、投资人等当成目标。这都是新时代的南辕北辙。我一直建议创业者减少不必要的社交，尤其是各类活动。这些活动对创业者往往弊大于利。

目标清晰的创业者，即使其他方面不强，但一般不会犯致命性错误。活下来的概率较大。活下来了才有可能学习如何有效的管控商业机会，合理调配各类营销资源，逐步使组织的成熟度得以提升。

初创型企业的营销管理不要执着于某种策略，是营销（Marketing）还是销售（Sales）为主都不重要，重要的是变现，也就是获取现金流。有现金流公司才能活下去。无论哪种情况，变现是第一要务。

结果导向还是流程导向

创业成功的概率非常低。因为创业和就业需要的思维模式是不同的。许多有着耀眼光环的创业者，照样会犯一些看似正确实则是致命的错误、对此问题的讨论有助于创业者形成正确的思维模式。

每个人都有某种预设的模式，这个模式心理学上称为动力定型。（这个词语已很少使用，是苏联学派的概念，因为没有更好的词语可以代替它。"知见"表述最准确，但心理学家大部分不认同，这是佛教的词汇。）通俗讲就是一个人的综合反馈模式，包括行为上的、心智上的，条件反射性的。2002 年获得诺贝尔经济学奖的心理学家卡尼曼在其著作《思考，快与慢》中，提出了 2 种思考模式，系统 1 与系统 2。系统 1 通常是直觉的，不过深度思考的，直接的；系统 2 是深度的、慢速的。不管是快思考还是慢思考都并非一种绝对的分类，而是一种形象的描述而已。

思维模式，看不见，摸不着，但却会对事物的发展起着至关重要的作用。不同的思维方式将决定资源的调配方案，对于同一事物的判断、决策、推理、论证都会千差万别。

高瞻智囊公司的产品是从原上海的一家公司继承而来。2008 年，我和我的老板（我的老乡、兄长）以及另外三个合伙人在上海成立了一家管理咨询公司，当时的产品就是今天高瞻智囊的产品。我的老板是一个天才级的营销高手，作为职业经理人他的光环足够耀眼：毕业于名牌高校、拥有 MBA 学位；在联想、惠普、戴尔三大 IT 巨头均担任过总监以上职位，个人业绩超过 10 亿／年；形象气质出众，高尔夫球达到专业水平。成立公司时还邀请到他的导师——世界顶级的管理学大师担任公司顾问。公司刚成立就通过导师的介绍，拿到了世界 500 强 3M 公司全球总部的订单……说实在的，没有一个人会认为这样的公司会死掉，但这家公司确实死掉了并且死得很快。时隔 9 年后，回首这段历史，我真不知道是该感慨作为一个跟班的幸运还是作为一个合伙人的不幸。

我老板的思维模式也值得商榷。他有一种近乎强迫症的洁癖，布置下去的作业，他的要求是无条件的、苛刻的、极端严厉的。工作必须符合流程，否则就会受到霹雳般的训斥。即使对合伙人，24 小时之内都必须学会他所教的东西，否则就别想睡觉。强大的执行力看起来值得夸耀，却导致了公司的死亡。招聘新员工的流程像世界 500 强一样复杂。而员工出差条款至少有 3 页的文档。

一个合伙人最先走掉。雷厉风行的执行力没有激发创业的战斗力，反而导致逆反心理。另一个合伙人也与他陷入了严重的内斗。当我也被逼离开时，公司已经无力支付我的薪水。

结果导向还是流程导向，是一个无解的议题。对创业公司而言，哪种导向都不能保证公司一定活下来。结果导向看起来目标明确，但毫无底线的直奔结果而去，也许能搞定客户，却极有可能导致内讧。

创业公司对于流程也不可过分关注，局限于流程，很容易导致组织一开始就陷入僵化，反而使效率更低。最佳的策略也许既不是结果，也不是流程，而是二者的混合物。企业是长大的。不是拉大的，更不是吹大的。（深圳大学靖鉴强教授的话，后面半句是我加上的。）新创立公司就像小孩子，初期都是跌跌撞撞的，可以犯错，但不能致命。在微小的伤害中，得以成长。（塔勒布：《反脆弱》伤害但不致命）。对 CEO 最大的挑战是如何既盯紧目标，又不失流程，还可以使个人与组织同步成长。这是无人可以替代的艰险历程。

无论在什么时候，企业有且仅有两个任务：1. 生存；

2. 发展。

创业者必须愿意做小事情，承认自己的渺小，虽然心中一定要藏着伟大的梦想。企业制定的战略目标，1 年的通常都有点夸大，而 10 年的又太小。创业者应该反过来设立目标，1 年的不要太大，10 年的一定要宏伟，成功的道路上并不拥挤，因为很多人都坚持不到头。这是对人性的挑战。

营销管理的基本逻辑

一定先有战略再有战术，决不能反过来。

战略清晰，战术是无穷无尽的，没有战术，甚至可以自创战术。但战术绝不能解决战略问题。创业者要分清楚哪些是战略问题，哪些是战术问题。无论 2B 还是 2C 领域，战术手段从来都不缺，无论是传统互联网还是移动互联网；传统渠道还是电商，都属于战术问题。关键哪个适合企业，哪个能用最短的时间通达客户，获得现金流。很多人迷恋互联网，认为没有互联网就不能创业，这是天大的误读。互联网未必是初创型企业的最佳路径。传统渠道会交学费，互联网交的学费可能更多。不要轻信互联网牛人的断言"要么电子商务，要么无商可务"。更不要为了时髦拼凑概念，真正的创业者绝不会把希望寄托在投资人身上！

在目标确定的情况下，速度第一、完美第二。

速度考验的是执行的能力与意愿。初创型企业钱永远不够。生存压力大，加班也少不了。组织不成熟，成长就要靠试错，像塔勒布在《反脆弱》一书中所讲的，不停地遭受伤害对成长是有益的，但绝不能致命。初创团队的每个人都应该是多面手。如果 CEO 从一开始就了解这些，会少走很多弯路。

大部分创业团队是有理想、有追求的，但要热情维系持久却取决于管理。市场挑战、疲劳、挫折会使激情很快耗散。作为企业，不管自觉与否，都必须走向正规化。营销管理是初创型企业最重大的挑战。营销管得好，即使有其他问题，尚不至于致命。有钱进来的时候，很多矛盾可以在行进中解决，但没有市场回馈的时候，稍微风吹草动，就可能使公司解体。营销管理内容繁杂，随便翻开一本营销教程都可以看到大概。但初创型企业必须分清轻重缓急。千万不能眉毛胡子一把抓。

下图是我对初创型企业应该突出的重心所画的思维导图，供大家参考。

路径选择
工具选择
what?功能与价值定义　市场推广与销售互动
解决什么问题　营销组织构架
商业需求描述　财务评估
优势与替代性　人类资源构架

价值识别与定义→目标管理→策略设计与管理→行动方案执行与反馈

客户是谁?　　　　　　　PDCA循环
用户是谁?　　　　　　　校正
　　　　区域　　　　　　资源配置方案
市场定位　行业　　　　　营销投资回报分析
时间与重心　　细分与利基
　　　　竞争关系
年度计划与战略目标

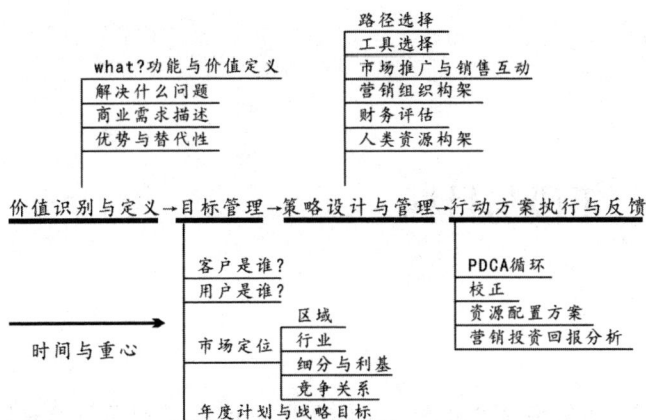

初创型企业营销管理路径

　　图表按照时间轴设计营销管理的基本演化路径，不同的历史时期，公司要解决的重心不同，随着时间的推移，组织会越来越成熟，管理者也需要不断提升自己的专业水平。

手段与目标

初创型企业还有一个常见的误区就是把手段当成目标。企业的目标开始可能是现金流、优质客户、影响力，这些可以通过各种手段获得，并没有一种说法支持必须采用某种手段才可以获得。遗憾的是，包括投资人在内，很多人会特别关注手段（模式），还有很多人把手段的组合误以为是商业模式。

商业模式要解决的是钱从哪里来，怎么来的问题。还是那句话，从 A 到 B 的路径有无数条，关键是哪条适合你？哪一条距离最短、速度最快、成本最低就选哪条，并没有任何一个理论支持必须要采用某种模式（手段组合）才能成功。某些专家罔顾事实，称只要模式好，技术、管理不好也可以成为世界 500 强，这些人如果不是昧着良心说话就是专业有问题。东挪西凑，投机取巧而来的所谓商业模式，作用其实有限。包括被吹上天的小米模式、滴滴模式等，都不是企业发展真正的原因。更没有一家世界 500 强是通过这种商业模式而成为世界 500 强的。

商业模式当然很重要，但比模式更重要的是价值，没有价值谈什么模式都是扯淡。构建商业模式肯定会用到各种手段，包括电商、移动支付、互联网、渠道、代理、促销乃至于地推等。手段的组合只是路径的选择，并非真正的商业模式。就算"水平营销"作用也有限，相关利益方越多，对创业者的操控能力以及资源要求就越高。甚至超过创业者所能承担的范围。许多成功的商业模式中，资源要素往往是独占、排他性的，这样的商业模式，对创业者没有任何参考意义。

市场实践，也不支持以上的理论。

老干妈是世界上最简单、最朴素的商业，但也是最伟大的商业奇迹。一些让人眼花缭乱的所谓创新，到头来却是庞氏骗局。互联网公司也未必要通过注册用户、大数据才能活下来，很多看似默默无闻的互联网公司，其实已经变成行业的领导者。如掌阅读书软件，从来没有一分钱的融资，他们的掌门人毅然决然地选择了以客户价值为导向。这样的企业才值得创业者参照学习。

把手段和目标混为一谈是很多创业者都跳不出的坑，尤其是首次创业者，满脑子都是创业英雄故事。这样的人并不适合做商业，他们碰得头破血流也很难觉醒，注定成为牺牲品。

初创型企业的品牌认知与建设

品牌是初创型企业的又一个极易掉进去的陷阱。

许多创业者会信心满满地告诉投资人，他们的目标是建立伟大的品牌。现实情况是大部分人并不知道什么是品牌，他们以为混个脸熟，提高知名度就是品牌，这是一种误解。

Brand 和 brand 的区别并非是因为首写字母。虽然都是"烙印"的意思，但在品牌学上却完全不同。大写的 Brand 才是品牌的真正含义，它意味着消费者对于某种产品、服务较为持久的文化认知及心理连接。建立一个 Brand 至少需要 5 年时间。世界前 10 名的品牌，基本上都有超过 50 年的历史。中国虽然是 13 亿人口的大国，世界性品牌几乎为零。德国仅是几千万人口的国家，世界性品牌却有 2300 多个。

翻开教科书，你会发现一件让人疑惑的事情：小写的 brand 的解释和大写的几乎没有区别。

　　科特勒：品牌是销售者向购买者长期提供的一组特定的特点、利益和服务。

　　百度百科：品牌（Brand）是一种识别标志、一种精神象征、一种价值理念，是品质优异的核心体现。培育和创造品牌的过程也是不断创新的过程，自身有了创新的力量才能在激烈的竞争中立于不败之地，继而巩固原有品牌资产，多层次、多角度、多领域地参与竞争。

　　这种逻辑之所以让人迷惑，是因为如果按照这个解释，其实每个人都是自己的品牌。按照这个解释，中国每年都有太多的品牌产生了，但奇怪的是还是有成千上万的中国人漂洋过海去日本买马桶盖。很显然，这中间一定是出了什么问题，你不能把原因都归结为国人的崇洋媚外，也有很多爱国人士认为是话语权不够，甚至有人说媒体欠中国制造一个道歉。消费者虽然有时候也会犯浑，但不可能都是傻子，连马桶盖、卫生巾都去海外采购，显然是因为我们所谓的品牌含金量值得怀疑。

　　除了汉语的模糊性之外，显然我们理解的品牌和真正的品牌之间少了点什么。

　　我不是品牌专家，也没有机缘得到类似于奥美这种顶级公司的品牌评价体系。据说奥美列出了96种品牌的不同属性，并且可以完全量化。很显然说一个品牌是品牌，绝不是说说而已，一定有具体的标准。就目前中国大部分企业的水平来说，谈品牌似乎还真的是欠缺了某些东西。

核心是什么呢？

责任！品牌的真正意义是责任、承诺，是基于记忆而来的心理连接，而责任的背后是信仰。遗憾的是，我们对于国货的每一次心理连接都会被吹爆的牛皮冲击得支离破碎。从三鹿到小米到每个曾经知名的所谓大公司，结局总是这么纠结。

因此，对创业者的忠告是不要妄谈品牌构建。有这个想法是好事，但作为当事人和主要经营者，你对商业、产品、客户真的建立起自己的商业信仰了吗？很多人痛恨腐败却带头腐败，痛恨别人造假自己也带头造假。没有信仰的公司，谈不上品牌。

高瞻智囊已经营8年，我从来不谈品牌建设，不是不想而是没有能力做到，虽然我们的专业以及专注可以傲视群雄。我们的职业道德，坚决不做商业贿赂的底线使得自己举步维艰，要想在客户的心智中留下一个足够深的烙印，我们还需要继续努力。

当然作为初创型企业有品牌意识总是好事，找专业人士把自己的包装搞好些，标识搞得精美、上档次一点，Logo醒目一点，这些都是通往品牌的必由之路，但比这更重要的是经营团队的道德以及责任、价值主张等最终在顾客心智中留下的烙印。因为媒体的宣传而来的知名度，即使家喻户晓也不见得是品牌，也可能是骗子或者色情狂。

第 五 章

营销管理工具及
精益营销路线图

营销工具有哪些

本书的最后一部分将探讨营销工具，并指导学员设计属于自己的精益路线图，我会在附页中提供一些学员的作业作为样本。这些图例也许很简单，但作为公益课程，短短的 10 多个小时的时间使学员就能有较为清晰的路径，至少可以保证少走一些弯路。

区分目标和工具是件技术活。营业额、覆盖率、利润、占有率、知名度、团队效能、费效比等这些属于什么？市场调查、研讨会、展会、促销、渠道招商、布局、线上线下等这些又属于什么？还有微信营销、微商、电商、系统营销、传销等这些又属于什么？是不是感觉有点晕了？

很显然，公司在不同的时期有不同的目标，但分清哪个是目标，哪个是手段和工具其实真不容易。举个例子，市场调研是目标吗？对于市场部的人而言，这确实是他的目标。然而对公司来说，市场调研不可能是目标，而仅仅是个手段。判断是不是目标的根本出发点是基于精益的价值判断，就是这件事是否有助于最终价值的实现。（但这种说法照样会有人感到糊涂，因为他不懂到底什么是价值。）

实际上就连渠道、布局、微商、电商等都可以列为工具和手段，因为最终的目标是把价值传递给我们的目标客户。只要能达到目的，这些手段都可以采用的或者不采用，并没有什么对错与高低贵贱。虽然渠道部在建设渠道的时候，客户分布就是他的目标。但在提高营销额这件事情上电商和促销却都是手段，而在营销模式建立的时候他们又都是工作目标。

作为营销的管理者，把这些既是手段又是目标的东西区分出来而不丧失目标感是非常具有挑战性的。很多人都会为了工作而工作，从而丧失真正的目标与价值，有时甚至会为了一个文案的写作大吵一架，却忘记了文案的目的到底何在。

以前曾经咨询过一个案子，主角是一位久经沙场的老板。他以为在天猫商城上开一个店就构建了他的商业模式，为此我整整跟他沟通了一下午，但效果不佳。为了搞好天猫商城的网店，他投了巨资，不仅在网上搞形象店装修，同时又养了一群所谓的网络营销人员。但结果却非常糟糕。在手段和工具中投入巨资而不关心或者不了解价值所在，是营销的极大浪费。这样的错误不止一个老板在犯。

在短期目标与长期目标之间，很多公司也在犯错误。无论什么公司，作为长期目标的一定是营业额与利润，这是商业的基本要求，甚至包括品牌在内也不过是为了达成这个目标的工具。公司既要赚钱又要持久的赚钱，才需要构筑营销系统、渠道、模式以及使用各种工具。水管一定是能流出水来才有价值，水管本身只是为了水流顺畅而设置的机制。搭建水管管道在某些特定的时间段才能列为目标，遗憾的是很多人都把建水管管道列为公司的最高目标，这无疑是本末倒置。很多营销学者或者所谓的专家还振振有词地说，水管这种管道比什么都重要。如果天天都有甘泉流过，何须管道呢？

营销工具包括营销沟通的工具以及各种技术手段，随着社会的发展以及技术的进步总是呈现出日新月异的特征。新工具确实能够带来新的变革，比如人类因为有了电才有基于电力而来的一切文明；因为有了汽车才有了汽车的相关产业；有了互联网才有基于互联网的商业，但是这些工具层面的东西并不是营销本身，只是进一步深化了营销的内涵和外延，好比核武器改变了战争的进程以及战争的底线。但核武器依然是受到不同的人的操纵的，包括核武器本身也是人类研究的结果，核武器不会脱离人而凭空存在，只是工具的发展已经超过了很多人的能力而已。

对于工具的迷恋是另一种营销的技术决定论，这是混淆事物的主要矛盾与次要矛盾以及矛盾的主要方面与次要方面。这几年互联网思维的叫嚣尘上，在此大潮中被淹死的企业比传统行业多多了。但就算有这么多先烈，还是无法阻止乌合之众一边倒的吹捧。下面的章节中还会进一步深入分析互联网的优缺点。为了读者理解的方便，我们把各种常见的营销工具列成下列表格。

各种营销工具的优缺点汇总

属性	营销工具	优点	缺点	演化路径
渠道	批发、代理	直接、现金流、人情味、物理空间	时空限制、短时间效率高，长时间效率不高	借用移动工具，可以网络化以及技术化
	门店	展示性、人与人交流，地利性	时空限制、依赖于促销员、高成本	物流与服务中心
	展会	展示性、集中，面对面交流、专业市场	短时效应、成本高	电子化，3D、VR技术等，虚拟现实
	会销（讲销）	一对多，集中，专业，销售量	时空限制，主持人，专业水平、社会责任、法律风险等	适合于某些领域，尤其以新产品教育为主导
	直销（end-end）	直接，关系型销售、量大	适合于2B领域。专业性强，有壁垒，不易理解	技术型销售、项目型销售

属性	营销工具	优点	缺点	演化路径
营销沟通（电子类）	电视媒体	覆盖面广、速度快、形象，关注点高	代价大、时间空间限制、制作周期长、费用高。收视率下降	自媒体趋势以及网络电视台
	广播媒体	覆盖面广、速度快、便利性、车载、关注点高	听众人数下降或变化	行业媒体，自媒体 声音自媒体
	楼宇广告	集中、人流量、贴近	覆盖量小，硬件要求高、适应范围窄	
	街头广告	覆盖面广、影响潜意识	关注度低	动态＋互联网节点＋服务点
	介质广告（如瓶装水广告）	行业属性、容易形成切分	行业属性，周期长，不可回收	
营销沟通（纸质类）	报纸	深度报道、专题、行业属性、年龄属性	反馈慢，信息滞后。更新性无。信息有效时间极短	电子报纸阅读，可以随时更新、专题的深度报道，这是绝对优势。
	杂志	精美、小众、重复阅读率最高、专业性	发行量差，小众，周期长	走向更加专业化，奢侈品等

属性	营销工具	优点	缺点	演化路径
	DM	信息及时性，短时间有效	纸张浪费，发布费时费力	EDM（邮件系统）
营销沟通（IT类）	CRM（ERP）系统	提供营销管控工具，对内作用更大	数据更新与采集的非即时性，以及数据解读无效	移动办公，数据采集精准、精益化（社交化这点存疑）
	e-mail	点对点的便利性，专业性，技术性，严肃性，可追溯	垃圾邮件过滤，法律。反馈周期	和移动工具一体化
	微信、QQ等社交媒体	便利性、传播速度快、小圈子	垃圾信息、信息过载，安全与泄密、非严肃性	进一步分化，专业领域不适用
	电商平台	集中、量大，影响、借力	过路费、维护费、信息透明、价格压力	

155

再谈互联网

互联网作为人类发明的工具之一，是否真的在颠覆人类？

早在 1995 年，比尔·盖茨就曾经说过人类的生活形态走向网际网路这条路永远不会回头。从这个意义上，互联网确实颠覆了人类，但是把互联网吹成神一样的存在却是近几年才有的事。尤其是以 BAT、小米等为代表的很多互联网公司，由于其庞大的市值以及对社会的渗透深度，引发的关注越来越多，因此才会导致互联网思维这种似是而非的概念泛滥。如果要说工具对人类的改变，其实每一种工具都会对人类造成深刻的影响，比如电，我们很难设想一个没有电的世界，但是否有电思维这种说法呢？很显然，无论是语法还是历史，这种说法都没有产生。汽车也好，微电子也好，核武器也好，没有一个不对人类产生革命性的影响，但是有没有原子弹思维、汽车思维、微电子思维呢？

　　从语法的角度，关于互联网的思维或者关于互联网的观点，或者互联网产业的思维都是可以的，但是互联网思维确实是一个不折不扣的伪概念。这个词语在语法上完全说不通，是关于互联网的思维还是互联网本身就会思维？尤其是关于互联网商业的很多逻辑，比如用户思维被抬到一个大神一样的高度，这太荒唐。到猪也可以飞的时候，全社会就变得彻底荒诞。连三岁的小孩子都知道只有鸟和昆虫可以飞，猪是无论如何不能飞的。如果硬要说大风起的时候猪可以飞，那么小汽车、房子也会被吹飞！这让人想起了假话国历险记。

　　首先我们必须弄明白，互联网是什么？

　　目前关于互联网有两种截然相对的观点，一种是互联网是一个新世界，基于虚拟世界而来的新世界，包括人类的链接结构、组织变革，这个世界可以独立存在。第二种观点认为互联网就是一种工具，在改变组织结构以及信息传递方面具有无与伦比的优势，但互联网也有致命的欠缺，取决于如何使用及如何扬长避短。

　　这两种观点看似有交集，实则有本质的区别。坚持第一种观点的多是一些互联网既得利益群体，这个群体包含众多的乌合之众、投资人，目前人数虽有下降，但还是占绝对优势。第二类人通常是从事实体、工业品或者具有独立思考特性的专家，人数相对较少。本人持第二种观点，并且坚信第一种观点随着社会的逐步成熟会逐渐消亡，就如对电的认知一样，最后大家都认为稀松平常。

我是国内最早的网民之一，由于专业的原因（我一向不敢承认自己是学计算机专业的，按照当初我们的调侃，我们的水平是汇编不会编，接口接不上）我比普通大众接触互联网的时间要早得多，在美国克林顿政府提出信息高速公路的时候就已经开始接触还是雏形的互联网。作为国内最早的网民，说实在话我从来没有觉得互联网有多么神奇。这个虚拟的世界就如镜子里的虚像，完全取决于操纵这个世界的人。虽然在传递信息方面有优势，但是海量信息的筛选及信息过载也会造成大量浪费。即使在移动互联网时代，这种情况也没有好转，反而进一步加剧。

互联网作为一种信息技术相对于传统媒体具有无与伦比的优势，就是多点连接，专业叫去中心化。实际上这仅是理论上的一厢情愿。蓝翔的挖掘机对着通信光缆一铲子下去，杭州的很多网络就完蛋了。人类几千年来形成的威权结构是一个发射点对所有的面，比如中央电视台，他说什么你就只能听着，既不能反馈也不能提出任何意见和建议，这种威权结构同时也是一种信用的保证，以政府的信用背书。互联网技术的发展，尤其是移动互联网的发展，把原来由一个点发出的结构，变成了人人都是发射节点同时也是接收节点的结构。从理论上说，只要有一部可以上网的无论是手机、电脑、Ipad 或者其他智能电了设备，每个人都可以是一个中央电视台，你可以随时对世界上 70 亿人信口开河。

这种结构的变化将极大地影响历史的进程，这点是毋庸置疑的。信息传递的便利性。使得民主意识、民族意识、品牌宣传、花边新闻都以光速在扩散。人类第一次生活在一个至少从理论上有把某种言论的权利交给普罗大众可能性的世界中，这个革命性的变化，其实在互联网诞生的那一刻就已经被专家认识到了。

这种变化也带来了新的问题，当每个节点都可以变成发射节点的时候，信息的真伪、筛选、过载就成为了大问题。某种程度上说，互联网最适合造谣而不是传播真理。以微信等社交媒体的朋友圈为例，大部分其实都是垃圾信息，真正有价值的东西寥寥无几。人类愕然发现，工具在带来便利的同时已经把生物学的人紧紧地困在工具的巢窠里，甚至把人变成了奴隶。今天专注力、注意力都已经变成稀缺资源，职场的年轻人平均 5 分钟甚至两分钟就会低头看一下手机。专注力的缺失将使提高工作效率成为泡影，更别提创造伟大的产品。

另一方面，互联网商业真的像某些大咖和牛人所说的没有成本或者成本最低化吗？

这其实也是一种假象或者互联网幻象。

通过网络传递信息给目标客户，从理论上讲似乎没有成本，但这是一种假象。无论是传递哪种信息都有成本，就互联网的现状而言成本还非常高。如百度搜索引擎（凤巢系统）的付费排名就是典型的例子，这个排名的价位以及恶果媒体早有报道，在这里不再冗述。就算是在淘宝、天猫或者京东上开一个网店，其维护成本、宣传成本、推广成本、促销成本以及交给平台方的过路费等都已经是一个非常庞大的数字。新媒体比如QQ、微信、Facebook等无论哪种，对于提供媒体工具的公司如腾讯、脸书等也许是有利的，但对于借用这些平台来传递信息的人来说成本却未必降低，反而有可能因为信息过载、泄密、僵尸用户等而导致成本大幅度增加。至于基于微信而来的微商，本来就是传销的变种，这更加验证了互联网传播谣言比真理快。

　　由于去中心化，就民众的大部分而言，很难假设他们是理性的、独立的、有头脑的。民众其实在任何时候都很难离开意见领袖。而当威权丧失的时候，民众会自动造出威权、意见领袖（KOL），（无论是互联网的大咖、牛人、网红还是某些专家），其实都是被群众或者自我造出来的新的威权。这种新威权乃至于审丑的行为现在已是人类生活的一部分。正如以色列学者赫拉利在《人类简史》中所说的，人类这种智人最大的特征就是八卦。虽然也有某些人（未必是幸运儿）由于各种原因成为关注的焦点，但新的焦点很快就会把这个旧焦点替换掉，倒像娱乐业的红牌，总是新人换旧人。在关于什么是错误的事情上，群众的眼睛是雪亮的，但是你要是问他什么是对的，那么他注定什么都搞不出来。很多人会拿百度百科、维基百科这样的群众编书运动来说事和反对本人的观点，但从专业的角度看，搞任何研究都建议你谨慎使用互联网。至少今天国际上但凡是严肃的科学论文，还没有一个采用互联网上的数据作为参考的。

另外，当全社会仅把能搬上网的信息都搬到网络上来的时候，互联网就是人类社会的镜像而已。权威依然是权威，中央电视台还是中央电视台，互联网必将回归它的工具属性。

理解精益，减少浪费

　　创业的道路上浪费随处可见。在深圳大学上课时陈博士帮我把课程名称改成《创业营销的精益策略》，是非常恰当的。对于创业者来说，减少浪费实在太重要了。

　　《精益创业》这本书中列出了很多精益创业的原则、方法，包括如何小范围的试错，如何从 0 开始走到 1，这些原则对创业者帮助非常大，建议创业者都去读一下这本书。我们在这里谈营销、谈创业营销的精益化和精益创业的原则是一样的，不过侧重点略有不同。

　　为了方便大家理解精益，简要地给大家介绍一下精益的历史以及相关的书籍，以供大家参考。精益（Lean），在英文中是减肥的意思，在管理学中就是思考如何减少浪费，最终做到一次性做对及如何投入最少产出最多。精益看问题的角度和传统管理的最大区别是基于价值角度而不是分裂的部门利益，是从整体上而不是从局部上来看待问题。跳出圈看问题说起来容易，实际上很难。

精益有一些基本的术语，也有一些基本的原则，这些内容请大家参考以下书目：

《改变世界的机器》

《丰田生产方式》

《精益思想》

《A3 报告》《精益工具箱》等。

这些书读起来有点难度，不是很容易懂，大家可以先读《精益思想》或者《改变世界的机器》，这两本书是理解精益的基础。lean 意味着无限的减少浪费、持续的优化、持续的改善，意味着总可以找到更加精简的方法，以更加优化的方案或者成本实现更好的目标。经过半个世纪多的发展，精益已经变成一种可以量化的、有数学基础的管理科学、管理技术以及哲学体系。精益思想已经从生产领域向非生产领域扩展，并且产生了惊人的效益。目前与精益相关的领域有精益生产、精益办公、精益供应链、精益价值链、精益医疗、精益创业、精益财务、精益领导力、精益创新、精益教育培训体系，等等。精益，说简单点就是把所有的浪费尽可能减少到最少的一门管理科学与艺术。

回到我们的主题，我们要解决的问题是在创业中如何把营销搞好，这里面也存在着大量的浪费。从计划的无效到人员的流动，从无效的动作，到信息的过载，从无效沟通，到营销组织的构建；怎么样把原来的推动变成拉动，从而最大程度激发员工的积极性；采用何种路径才能投入最少产出最多。这些内容都是精益营销要解决的问题。高瞻智囊公司提供的四星级营销高级管理人才培养的主要内容就是精益营销的系统构建。我们承诺经过 1 年的培养，如果考试合格，在 50 亿以下规模的企业可以直接担任营销总监或者营销 VP。感兴趣的读者可以与我们联系。

我们先从一个小案例开始，和大家谈谈什么是精益的思考方式？

案例：寄 1000 封信给目标客户，3 个人一起来做，哪种方法最高效？

解决方法有 2 种：

1. 按照流程分工，甲负责贴邮票、乙负责写地址、丙负责将信封口并寄出；

2. 甲乙丙三人每个人都单独写地址、贴邮票、然后将信封口寄出。

这两种方法都可以把 1000 封信寄出去，但是结果却会有不同。第一种方式三个人分工、流水线作业，这种工作方式的好处是每个人仅需要负责一个环节，其余的都不管，效率的高低依赖于每个环节的配合。这种工作方式如果有一个环节出错了，比如甲贴的邮票是废旧的、无效的邮票，而乙其实是不管邮票这事的，这个时候使用这种方式就可能一错到底。这种情况对于客户而言，链条上所有的行为都是没有价值的，也就是最大的浪费。第一种工作方式中还有一种浪费是不容易被发现的，就是每个信封在这个过程中都被拿起来3次、又放下3次，这其实也是一种浪费。拿起来又放下是要耗费时间的，但是并没有产生价值。第二种工作方式中每个人其实承担了3个动作，写地址、贴邮票、寄出，在这个过程中信封只被拿起来一次，相比较第一种方式就节约了2次拿起来放下去的动作，效率提高3倍。假如有一个行为是错的，因为是一个人负责价值的全部，错误也仅仅发生在一个客户上。不像第一种工作方式，如果有流程上的错误，基本上一批信全是错误的。但第二种工作方式对员工的技能提出了新的要求，动力方面也不同。比较起来，第二种工作方式就是基于价值的，这种工作方式的好处是提高了效率，培养了员工同时又降低了差错。

精益思想并不好理解，有些地方和我们的传统思维区别还是挺大的。

尤其是在互联网领域，很多公司的数据显示，大数据完全有可能是一种幻象。领英（LinkedIn）全球的注册用户是4.3亿，但付费的用户仅为200万，这个转换率为千分之4.65，不到千分之五，也就是说从商业价值上99.5%的工作和行为都没有产生价值（至于以注册用户来评估投资的估值方式，不在这个话题的讨论范围之内）。如果不能产生价值，就是浪费。在国内互联网公司开始涉足汽车销售的时候，时间已是 2012 年，距离世界上第一家把汽车搬上互联网销售的时间已经过去 13 年。1999 年，北美一家互联网公司就已开始在网上帮助汽车公司销售汽车，但当他们找到北美丰田总部的时候却遭受了拒绝。原因很简单，北美丰田的负责人把价值流图画出来一看，增加了网上销售环节后，从价值的角度不仅没有创造新价值，反而使价值链更长、离客户更远，这从投资的角度来说是完全没有必要的。

今天众多互联网公司的营销逻辑本质上是一种大批量的生产方式，也就是快速渗透策略，高促销、低价位，不要钱还补贴，以此来吸引大量的注册用户，然后在注册用户之中寻找可以转换的客户。这种方式一点也不精益，基本上全是浪费。如果不是为了融资（投资界的逻辑），99% 的注册用户不但毫无价值并且是负资产。

但这种形势在目前条件下很难说服创业者，尤其是互联网创业者。包括很多资深的互联网人士都不了解，世界上有将近 100 亿个网站，但大部分都是暗网而不是明网。暗网指的是只针对部分人群开放的网站，这个从某种意义上说反而是精益的。

另外纯粹的互联网公司，比如一款 APP，如果不是建立在刚需基础上的链接基本上也是非精益的。如负责找餐饮的 APP，精益仅发生在陌生环境中，初来乍到一个地方，不知道如何寻找好吃一点的地方，APP 可以迅速帮助用户查找到目的地，这个过程是精益的。当一个人已经在一个地方生活了 20 年，闭着眼睛都知道哪家饭店的饭好吃，这个时候再使用 APP 来寻找就不是精益的。从产品的角度，这时候就变成了浪费。

理解精益的目的是要帮助创业者始终保持一种警觉，去做有价值的事情，把没有价值的事情坚决砍掉。从选择客户到营销过程、到路径选择、到组织构建、到财务支出，如果精益思想都贯彻始终，创业者就一定会少走许多弯路。

构建自己的精益营销路线图

作为创业者，当你已经迈出第一只脚的时候你的人生就已经开始转变了。从此以后，你将以一种另类的眼光看待和审视这个世界，你将面对诸多的挑战，无论是产品、技术、研发、组织、财务、生产、物流，等等。你突然发现你的精力永远都不够用，你的时间也变得捉襟见肘，陪伴家人的时间急剧减少，健康被透支，花前月下被加班加点所代替，友谊和爱情的小船总是遇到风浪。你迫切需要一双慧眼，知道什么该做什么不该做。你的决策能力受到空前的挑战，大脑里清晰的时候变少而更多的时候乱成一锅粥。更要命的是你的信心会降低，孤独感在不断增加，而助力却找不到。

我始终认为创业绝不能搞群众运动，更不要提创新，这都是精英阶层的事。普通人走向这条道路不仅挑战巨大，胜算也渺茫。大学生虽然贵为天之骄子，但市场的残酷并不会因此对你网开一面。如果没有做好充足的准备，尤其是信心和思维结构的准备，也就是心智方面的准备，你最好还是悠着点。而心智的准备，就意味着你必须勤于思考而不是莽撞行动。

有数据显示中国人均阅读量在全球始终在末位徘徊，这不像一个有五千年悠久历史的大国应该做的。很多大学毕业生在离开校园以后，一年之内的读书量能够超过10本的都不多，很多甚至连一本都不读，这是我在每次讲课和咨询过程中遇到的真实情况，还不要提所读书的质量如何。在图书馆找一本好书不是件容易的事情。以色列的年轻人平均每月读专业论文级的书超过6册，这个民族让人恐怖。

构建创业者的营销心智，不仅可以少走弯路，更重要的可以节约社会财富、提升信心。大海不在乎的事情，但小鱼的爸爸妈妈、爷爷奶奶都在乎。在本书的最后一章会列出很多学员的作业，这是与本书相关的公益课程输出的一些结果，也是学员心智图的某种表现。

构建精益营销路线图，就是梳理创业者营销心智的过程。

古人讲凡事预则立，不预则废。预就是提前计划，提前构建心智，提前构建路线图。虽然路线图一定会发生变化，但重要的是创业者要养成这种以路线图方式来工作的心智模式。

营销的本质、工具、流程、机制都最终指向企业的

衣食父母 -- 客户。精益营销要解决的问题是怎么样寻找到客户，怎么样在不同的时间、地点利用各种营销工具找出工作的重心，提升效率、降低浪费。

希望读者能够在这个基础上梳理出自己的营销精益路径，这个心智的成长过程是我们最愿意看到的成功，也是我们最大的心愿。

附录 1

这个学员作业的路径设计有点科幻色彩，因为这个能跑 800 公里不用充电，比特斯拉还牛的电动汽车目前还是想法，但逻辑结构却非常精美。（附录 1 图）

附录 2

这个打算从事红酒生意的学员就比较靠谱了，其营销的精益路径相对而言可行性较高，但依然存在许多可以改良的地方。（附录 2 图）

附录 3

这是一个从事外贸类 ERP 软件开发的学员的作业，相对而言营销的精益路径已经比较可行，也具有较强的操作性。（附录 3 图）

奥斯特卡车有限公司（Oersted Truck Co. Ltd.）

定位
电动卡车的公路之王
- 快递专线
- 高端重卡

纯电动重型卡车

自动驾驶（选装）
- 内置500km，磷酸铁锂电池，寿命长
- 外置600km，三元锂电池，能量密度高
- 超级充电站，超级电池组
- 车厢上部太阳能充电
- 纯电续航1100km
- 车道保持，盲点检测……
- 自动跟车，自动泊车……
- 车队编队（自动驾驶）
- 定速巡航

车辆管理系统（选装）
- 实时调度，任务管理……
- 实时传输数据
- GPS，实时监测

引入公路之王斯堪尼亚技术（除动力总成），底盘，车桥……

行车电脑
- 任务管理：疲劳监测、导航
- 路线规划：实时调度
- 功能控制：空调、驾驶模式、娱乐系统
- 车辆监测：实时监测

发展路径

第一阶段
试验可行性
A轮，1-3年
- 规避国内法律风险动力系统改装
- 改装二手斯堪尼亚重卡（欧洲）
- 试验 纯电动力
- 对比试验，盈利保证 柴油动力 与承包专线试运营

第二阶段
小规模量产
改装，B、C轮，1-3年
- 国外建立斯堪尼亚重卡改装厂
- 初期客户：国外快递公司
- 初期局限：充电设施未覆盖，运输半径为500km
- 研发自动驾驶系统，车辆管理系统，充电系统

第三阶段
进军国内，1年
- 通过斯堪尼亚认证，成为官方授权改装厂
- 与国内快递合作承包专线，体验纯电动力优势

第四阶段
量产，D轮，2年
- 引入斯堪尼亚投资及技术，约占30%股份
- 欧洲建立第一批超级充电站，推出第一代产品

第五阶段
进军，E轮，1年
- 开发初期装配件，第一批服务中心
- 人体工程学设计驾驶室，推出改款车型

第六阶段
进军，F轮，2年
- （国内）建立第二批超级充电站，开发客户
- （全球）建立第三批超级充电站，第三批服务中心

第七阶段
全球生产，2年
- 纳斯达克IPO，垂直整合
- 收购超级电池厂
- 与国企合作，国内建立总装工厂
- 印度、巴西建立总装工厂

营销策略
- 第1阶段：不打广告，合作伙伴口碑相传
- 第2阶段：参加国际卡车赛事
- 第3-4阶段：投放小部分广告，以服务增加粘性，主体靠口碑相传
- 第5阶段：投放广告，为IPO造势，强调科技感，环保，高效率
- 第6-7阶段：重点在企业社会责任

直营模式

网上预订（要直达工厂）

服务中心
- 统一价格，车窗安装，个性定制
- 选址：快递物流中心附近
- 维修保养
  - 4年100万km免费保养
  - 5年免费换电池组
  - 司机免费试驾，吃饭
- 体验：试运营，试驾
- 直达工厂预定
- 更换超级电池组，充电

超级充电站
- 充电，更换电池组
- 选址：高速公路出口附近

线下体验

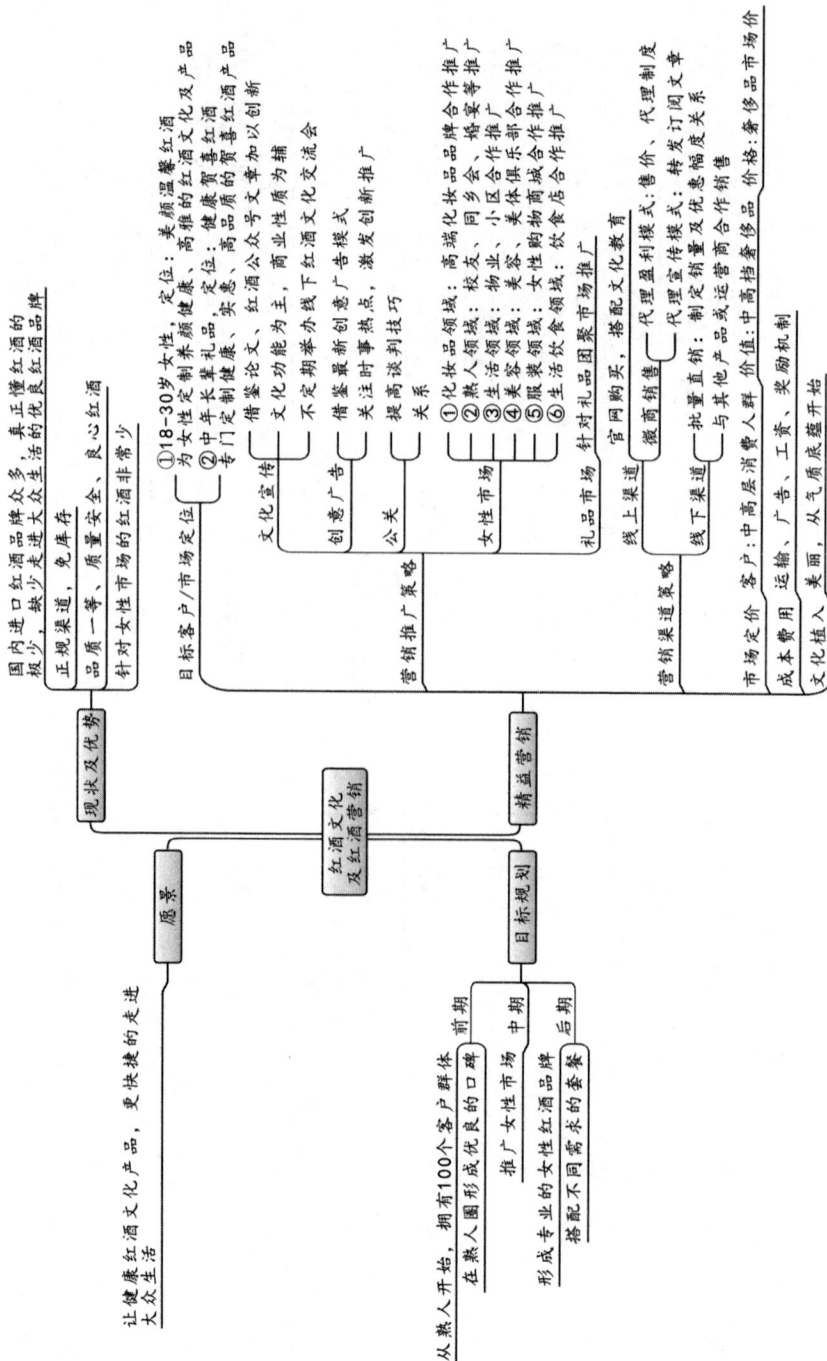

红酒文化及红酒营销

现状及优势
- 正规渠道，免库存
- 品质一等，质量安全，良心红酒
- 针对女性市场的红酒品牌
- 国内进口红酒品牌众多，真正懂红酒的极少，缺少走进大众生活的优良红酒品牌

愿景
让健康红酒文化产品，更快捷的走进大众生活

精益营销
- 目标客户/市场定位
  - ①18-30岁女性，定位：美颜温馨红酒 为女性定制未颜健康，高雅的红酒文化及产品
  - ②中年长辈礼品，定位：健康贺意，实意，高品质的质量馨香红酒产品
  - 专门定制健康
- 营销推广策略
  - 文化宣传：借鉴论文，文化功能为主，红酒公众号文章加以辅
  - 创意广告：不定期率办线下红酒文化交流会；借鉴最新创意广告模式，激发创新推广
  - 公关：关注时事热点，提高商谈利技巧关系
  - 女性市场：
    - ①化妆品领域：高端化妆品牌合作推广，婚宴家宴推广
    - ②熟人领域：校友、同乡会、小区
    - ③生活领域：物业、美体俱乐部合作推广
    - ④美容领域：美容、美体的物商城合作推广
    - ⑤服装领域：女性的饮食店合作推广
    - ⑥生活饮食领域：
  - 礼品市场：针对礼品圈聚市场推广
- 营销渠道策略
  - 线上渠道：官网购买，搭配文化教育
  - 线下渠道：微商销售，代理盈利模式：售价，代理制度；代理宣传模式：转发订阅文章；批量直销，制定产品或运营商合作销售
- 市场定价：定价：与其他产品人群 价值：中高层消费品 价格：中高档消费品 价格：参考品市场价
- 成本费用：运输、广告、工资、奖励机制
- 文化植入：美丽，从气质底蕴开始

目标规划
- 前期：从熟人开始，拥有100个客户群体 在熟人圈形成良好的口碑
- 中期：推广女性市场 推广女性的红酒品牌
- 后期：形成专业的女性红酒品牌的套餐 搭配不同需求的套餐

产品:为外贸电商公司提供ERP系统+解决方案
产品定位:个性化产品
我们

客户
中国境内
进出口电商公司

第一阶段

目标:第1年,龙岗片区5个客户以上,优秀案例
客户:跨境电商
客户需求分析:选样调查其市场势,服务
中型:100人以上
小型:100人以下
产品:ERP系统1.0
竞争对手分析:针对龙岗片区的ERP公司
渠道推广:营销人员上门推广,拜访并详实收集客户需求
商业模式:前期免费试用,后期按数据流水式
者收费:营销+项目+产品+运营综合性人才队伍
团队:

第二阶段

目标:第3年,龙岗片区100个客户
客户:跨境电商
产品:
中型企业:定制解决方案产品
小型企业:专业+解决方案
竞争对手分析:专业化竞争对手报告,
形成针对龙岗片区的ERP服务企业
渠道推广:营销人员上门推广+邮件推广+网站
推广+速卖通数煌等电商广告

第三阶段

目标:第5年,覆盖其他地区(珠三角+长三角)
客户:跨境电商
产品:
中型企业:定制化解决方案产品
小型企业:专业+解决方案
竞争对手分析:针对国内的ERP服务企业
形成专业化行业报告
营销推广:上门推广+网站+邮件+行业协会,
并在业界逐渐形成品成品牌与口碑

第四阶段

目标:未来,做好跨境电商ERP系统,并入外贸电商
进口ERP系统
客户:跨境电商
产品:
中型企业:定制解决方案产品
小型企业:专业+解决方案
差异化:随时关注行业和竞争对手动态
竞争对手分析:利用品牌与口碑
渠道推广:

后　记

　　我这个人虽然比较爱学习，也算得上读过不少书、写过不少文章乃至于发过不少的牢骚，但真正努力把一本书写完还是头一遭。有许多书列出了提纲，甚至已经动笔写一半了，最终还是放弃了。原因不是江郎才尽，而是实在不愿意像母鸡一样非得要下蛋。就算是这一次，其实也是勉为其难，要不是我的同事楼新海先生下达了死命令，估计这本书永远也写不完。所以如果你在本书中读到一些有价值的东西，请首先感谢他。

　　动力不足的根本原因是觉得自己这点水平实在有限，怕文字流传出去有碍观瞻、以讹传讹。古人讲立德、立功，而后立言。我既没有立德，更没有立功就开始立言，以最底层的心理暗示论，这叫德不配位。至于变成文字出版，今天出版业发达，出版一本书是件轻松的事，再也不会有像我当初在报纸上发布处女作时的兴奋。当年一篇小小的豆腐块都意味着被社会的接纳和认可，对于文艺青年犹如金榜题名。那时候的稿费不到 10 块钱，还得从报社寄到单位，领取那汇款时无论是同事还是邮局的女出纳敬佩的眼神简直就像看着今天中彩 500 万的幸运儿。

遗憾的是文艺青年最终还是向时代投了降，我不仅喜欢钱，还喜欢得不得了。从跨入商界开始就努力想着变成某某第二，可惜在商海折腾多年，离成功还是很遥远。好比我们公司既要赚钱，又要堂堂正正地靠专业赚钱，这多多少少是跟自己过不去。只不过经过多年的努力还不愿意服输，于是就有了一些所谓的经验，挂上专家的名头乃至于把讲常识变成一门生意，而我最终还是希望能讲讲专业。

以此作为后记，感谢同事的帮助。无论什么时候，高瞻智囊的同事都像我的家人，给我动力，给我无私的帮助。他们是楼新海、黄兴灿、曾湘庭，没有他们的帮助，我不可能完成这项工作。楼新海像一个赶车的农夫，经常挥舞鞭子让我这匹老马加快步伐；黄兴灿给我的文稿做修饰、整理和校对；而曾湘庭小姐则承担了本书的出版、联络、策划、设计等工作。

再次感谢他们！

感谢深圳大学及深圳大学创业学院的陈一鸣博士，

是他们的务实、专注、与时俱进让我赶上了好的机遇，不然我这个中专生绝不可能站上大学的讲台。至少在没有验证之前，他们要冒着极大的风险，幸运的是我没有给他们添麻烦。

最后还要感谢我的家人、朋友，没有他们在背后的支持我们连创业的可能性都不具备。

万物和合而生，所有对征途上的我们提供帮助的朋友，感谢你们。

马洪海

2017 年 4 月

图书在版编目（CIP）数据

不懂营销创什么业 ： 创业营销的精益策略及心理学
应用 / 马洪海著. —— 北京 ： 光明日报出版社，2017.4
　　ISBN 978-7-5194-2811-2

　　Ⅰ．①不… Ⅱ．①马… Ⅲ．①企业管理－市场营销学
Ⅳ．①F274

中国版本图书馆CIP数据核字（2017）第091491号

不懂营销创什么业：创业营销的精益策略及心理学应用

著　　者：马洪海

责任编辑：李月娥　　　　责任校对：有　森
封面设计：文豪社　　　　责任印制：曹　诤

出版发行：光明日报出版社
地　　址：北京市东城区珠市口东大街5号，100062
电　　话：010-67022197（咨询），67078870（发行），67019571（邮购）
传　　真：010-67078227，67078255
网　　址：http://book.gmw.cn
E- mail：gmcbs@gmw.cn　　　lijuan@gmw.cn
法律顾问：北京德恒律师事务所龚柳方律师

印　　刷：北京市金星印务有限公司
装　　订：北京市金星印务有限公司
本书如有破损、缺页、装订错误，请与本社联系调换

开　　本：889×1194　　1/32
字　　数：104千字　　　　　印　　张：5.875
版　　次：2017年4月第1版
印　　次：2017年4月第1次印刷
书　　号：ISBN 978-7-5194-2811-2

定　　价：38.00元